Felix Rauner

Der Weg aus der Akademisierungsfalle

Felix Rauner

Der Weg aus der Akademisierungsfalle

Die Architektur paralleler Bildungswege

LIT

Umschlagbild: Felix Rauner

Bibliografische Information der Deutschen Nationalbibliothek
Die Deutsche Nationalbibliothek verzeichnet diese Publikation in der
Deutschen Nationalbibliografie; detaillierte bibliografische Daten sind
im Internet über http://dnb.d-nb.de abrufbar.

ISBN 978-3-643-14038-8 (br.)
ISBN 978-3-643-34038-2 (PDF)

© LIT VERLAG Dr. W. Hopf Berlin 2018
Verlagskontakt:
Fresnostr. 2   D-48159 Münster
Tel. +49 (0) 2 51-62 03 20
E-Mail: lit@lit-verlag.de   http://www.lit-verlag.de

Auslieferung:
Deutschland: LIT Verlag, Fresnostr. 2, D-48159 Münster
Tel. +49 (0) 2 51-620 32 22, E-Mail: vertrieb@lit-verlag.de
E-Books sind erhältlich unter www.litwebshop.de

Inhaltsverzeichnis

Vorwort 1

Einleitung: Das große internationale Experiment: die
miteinander konkurrierenden beruflichen Bildungssysteme . 11

1 Meisterschaft und Meisterlehre 27

    1.1 Das Handwerk aus der Sicht zeitgenössischer
Philosophen 28

    1.2 „Meisterhaft": Dazu bedarf es einer multiplen
Kompetenz 33

    1.3 Der problematische Übergang von der beruflichen zur
akademischen Bildung 35

    1.4 Arbeit und Bildung 39

    1.5 Das COMET-Kompetenzmodell 49

    1.6 Kompetenzprofile und Berufsethik 51

    1.7 Fazit: Eine Methode zur Qualitätsentwicklung
beruflicher Bildung 53

2 Wissenschaft und Bildung 55

    2.1 Zum Selbstverständnis universitärer Wissenschaft . . . 58

    2.2 Fachwissenschaft als eine Leitidee beruflicher Bildung . 61

    2.3 Das Fachstudium beruflicher Lehrkräfte 63

    2.4 Experimentieren zwischen Fachwissenschaft und
beruflicher Praxis 66

Inhaltsverzeichnis

- 2.5 Auszubildende bewerten ihre Lehrer 69
- 2.6 Fazit: Fachwissenschaft versus berufliches Fachwissen . 70

3 Akademisierung der beruflichen und Verberuflichung der akademischen Bildung 73
- 3.1 Berufsakademien – ein Impuls zur Akademisierung der beruflichen Bildung 77
- 3.2 Duale Studiengänge zwischen hochschulischer und beruflicher Bildung. 79
- 3.3 Die Exzellenzinitiative auf der Suche nach der neuen Universität 82
- 3.4 Die Verberuflichungsfalle für die Hochschulen 84
- 3.5 Fazit: Wege und Irrwege bei der Suche nach einer Bildungsarchitektur 89

4 Architektur paralleler Bildungswege 91
- 4.1 Die duale Berufsausbildung: die erste Stufe des dualen Bildungsweges 98
- 4.2 Höhere berufliche Bildung auf Meister- und Bachelorniveau. 107
- 4.3 Die dritte Stufe: Berufsqualifizierende duale Masterstudiengänge 127
- 4.4 Die vierte Stufe: Promotion zum Dr. Professional 133
- 4.5 Fazit: Was ist zu tun?. 136

Literaturhinweise und Anmerkungen 141

Vorwort

„Alle wollen studieren", so klagen Industrie, Handel und Handwerk auf der Suche nach Bewerbern für eine Ausbildung. Auch in Deutschland ist die internationale „College for All"-Bewegung (hochschulische Bildung für alle) angekommen. 2014 übertraf erstmaligst die Zahl der Studienanfänger die der neu abgeschlossenen Ausbildungsverträge. In der Wissensgesellschaft sei dies eine begrüßenswerte Entwicklung, argumentiert die OECD. Die Befürworter der „College for All"-Bewegung berufen sich auf Daniel BELLS Bestseller über die (nach-industrielle) Wissensgesellschaft (1973). BELLS These: „Das neue axiale System, um das sich in der Wissensgesellschaft alle gesellschaftlichen Sphären drehen werden, ist das theoretische wissenschaftliche Wissen". Die berufliche Bildung kommt im Vexierbild der Wissensgesellschaft nicht mehr vor. Selbst deutsche Berufsbildungsforscher verbreiteten in den 1990er Jahren die These, die duale Berufsausbildung sei ein Auslaufmodell.

Die Realität des Arbeitsmarktes widerlegt die Akademisierungsbefürworter. BELLS These vom neuen axialen System ist ein Irrtum. Bildung und Beschäftigung driften auseinander: Im Jahre 2012 empfehlen die G20-Arbeitsminister, die Lehrlingsausbildung (wieder) einzuführen, um damit der in vielen Ländern dramatisch hohen Jugendarbeitslosigkeit entgegenzuwirken – ein Wendepunkt in der Arbeitsmarktpolitik. Der zunehmende Fachkräftemangel, die De-Industrialisierung in entwickelten Ländern, der Anstieg der unterwertig beschäftigten Hochschulabsolventen und die ungleiche Partizipation am gesellschaftlichen Reichtum sind (auch) eine Folge der Akademisierung der beruflichen Bildung. Die Bologna-Reform hat zur verstärkten Einführung berufsqualifizierender hochschulischer Studiengänge beigetragen.

Vorwort

Doch die zunehmende Zahl dualer Studiengänge erreicht selten die Qualität der dualen beruflichen Erstausbildung. Das Bachelorzeugnis dokumentiert zwar einen *akademischen und beruflichen Abschluss*. Doch die duale hochschulische berufliche Erstausbildung konkurriert unmittelbar mit der Ausbildung im dualen Berufsbildungssystem und *gräbt diesem das Wasser ab*. Deutschlands Berufsausbildung steckt in der Krise. Die Schweiz dagegen hat mit der Modernisierung ihres Berufsbildungsgesetzes die Weichen für die Qualifizierung beruflicher Fachkräfte richtiggestellt. Es werden nur Bewerber zum berufsqualifizierenden Fachhochschulstudium zugelassen, die über eine erfolgreich abgeschlossene duale Berufsausbildung mit einem berufsbezogenen Reifezeugnis verfügen. Es gibt also zwei gleichwertige Zugänge zum Hochschulstudium: erstens das Abitur und zweitens die duale berufliche Erstausbildung. Diese Regelung begründet die Attraktivität der Schweizer dualen Berufsausbildung. Für diese entscheiden sich 70 % (!) der Jugendlichen – seit der Novellierung des Berufsbildungsgesetzes (2005) mit steigender Tendenz. Die Spitzenwerte im internationalen Innovations-Ranking, eine gegen null tendierende Jugendarbeitslosigkeit und ein sehr hoher gesellschaftlicher Wohlstand bei einer geringeren Polarisierung zwischen Reich und Arm werden auf die hohe Qualität des Schweizer beruflichen Bildungssystems zurückgeführt.

Auf der Suche nach einem Ausweg aus der „Akademisierungsfalle" bringen Bildungspolitiker vielfältige Maßnahmen auf den Weg, die selten eine nachhaltige Wirkung entfalten. Bisher fehlt eine Idee für ein Schlüsselprojekt, wie man das „Übel an der Wurzel" kurieren kann.

Die Akademisierung der beruflichen Bildung und die damit einhergehende Verberuflichung der hochschulischen Bildung sind eine Sackgasse. In diesem Buch schlage ich einen Ausweg vor: *eine Architektur paralleler Bildungswege*. Mit einem durchgängigen dualen beruflichen Bildungsweg vom Lehrling bis zum Doktor Professional – neben einem wissenschaftlichen – verfügt diese doppelgleisige Bildungsarchitektur über das Potenzial, Bildung und Beschäftigung wieder in ein ausbalanciertes Verhältnis zueinander zu bringen. Der Irrweg der wechselseitigen Vereinnahmung beider Bildungswege kann damit überwunden werden.

Was ist zu tun? Die Hochschulen müssen sich auf ihrem Weg zur Beteiligung an der höheren beruflichen Bildung von der Erkenntnis leiten lassen, dass man jeden Beruf zuletzt praktisch erlernen muss. Und die Bildungspolitik muss sich dazu durchringen, alle Formen der beruflichen Aus- und Weiterbildung in einem Berufsbildungsrahmengesetz zu regeln.

Bremen, im April 2018
Felix Rauner

Zusammenfassung

Der Ausweg aus der Akademisierungsfalle – eine Architektur paralleler Bildungswege

Wie die Akademisierung der beruflichen Bildung zu einem modernen durchgehenden dualen beruflichen Bildungsweg beitragen kann

Die Akademisierung der beruflichen Bildung hat mit der Einführung der hochschulischen Stufenausbildung nach dem anglo-amerikanischen Bachelor-Master-Modell (Bologna-Reform) in Kontinentaleuropa eine Beschleunigung erfahren. 2014 entschieden sich erstmals mehr Jugendliche für ein Hochschulstudium als für eine duale Berufsausbildung. Während die OECD diese Entwicklung als eine überfällige Korrektur auf dem Weg in eine wissensbasierte Ökonomie begrüßte, zeichnet sich ein Fachkräftemangel ab. Aktuelle Studien zur Entwicklung der Beschäftigungsstruktur bis 2030 (Abb. 1) zeigen, dass die Akademisierung der Bildung in den nächsten zwei Jahrzehnten zu viele Hochschulabsolventen und zu wenig beruflich qualifizierte Fachkräfte hervorbringen wird.

Eine Analyse der Ursachen zeigt, dass es sich um zwei miteinander verschränkte Entwicklungen handelt.

(1) Teile der (dualen) Berufsausbildung wie die Berufsakademien (ursprünglich gedacht als Bildungsgänge zur Aufwertung der dualen beruflichen Erstausbildung) und die Fachschulen wurden und werden nach und nach in das Hochschulsystem integriert. Sie wandern unter das Dach der Hochschulgesetze. Gefördert wird diese Entwicklung durch die neue Leitidee *Employability* (Beschäftigungsfähigkeit) der Bologna-Reform – unter Missachtung der verfassungsrechtlich verbrieften

Zusammenfassung

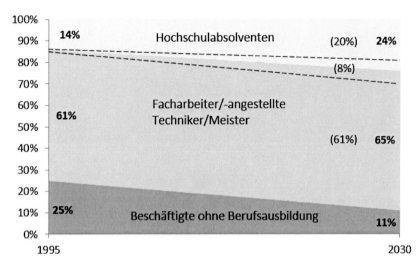

Abb. 1: *Strukturentwicklung des Beschäftigungssystems von 1995 bis 2030 (in Anlehnung an* SCHÜSSLER *u.a. 1999, 57; BMAS 2013;* VOGLER-LUDWIG *u.a. 2014;* ZIKA *u.a. 2012, 4)*

Freiheit der Wissenschaft. Nach der Rechtsprechung des Bundesverfassungsgerichtes sind die Hochschulen zur Pflege und Entwicklung der Wissenschaft herausgefordert.

(2) Mit der Bologna-Reform wird eine Spaltung der Hochschulen vollzogen: in eine kleinere Gruppe „exzellenter" Universitäten, die Spitzenforschung betreiben, und eine größere Gruppe von Hochschulen, die sich auf den problematischen Weg der Verberuflichung hochschulischer Bildung begeben.

Diese Polarisierung hat weitreichende Auswirkungen auf die Qualifizierung beruflicher Fach- und Führungskräfte. In diesem Buch plädiere ich nicht dafür, die Bologna-Reform zurückzudrehen, sondern aus den Fehlern zu lernen und eine Architektur paralleler Bildungswege aufzubauen, die neben einem wissenschaftlichen auch einen dualen beruflichen Bildungsweg unter Beteiligung der Hochschulen vorsieht (Abb. 2).

Zusammenfassung

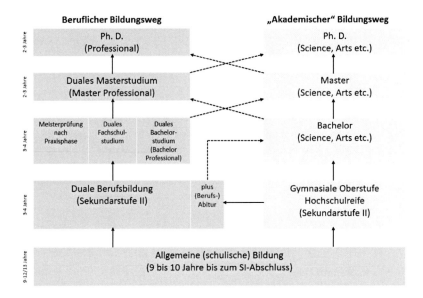

Abb. 2: Architektur paralleler Bildungswege mit einem durchgängigen dualen Bildungsweg (eigene Darstellung)

Dies sind die Grundpfeiler der Architektur paralleler Bildungswege:
- Die Grundsätze für gute wissenschaftliche Praxis (Deutsche Forschungsgemeinschaft DFG, Wissenschaftsrat 1998), die für die Exzellenzinitiative geringfügig aktualisiert wurden, sind unvereinbar mit der Verberuflichung der hochschulischen Bildung in der Folge der Bologna-Reform. Alles spricht dafür, die kontinentaleuropäische Tradition der Entwicklung und Pflege der Wissenschaft in Lehre und Forschung sowie die darin eingebettete Förderung des wissenschaftlichen Nachwuchses beizubehalten.
- Die Beteiligung der Hochschulen an der Entwicklung einer höheren Berufsbildung für die Qualifizierung von Führungskräften in Wirtschaft und Verwaltung ist wünschenswert. Jedoch sind dazu gesetzliche Regelungen notwendig, da das Entwickeln der Professionen (Berufsbilder) sowie der Ausbildungs- und Prüfungsordnungen der Ex-

Zusammenfassung

pertise der Organisationen der Arbeitswelt (OdA) bedürfen. Damit wird das Privileg der autonomen Steuerung des Wissenschaftsprozesses durch die Hochschulen durch ein Modell der Beteiligung von Fachexperten der OdA ersetzt, ohne deren Expertise und Kompetenz die Gestaltung und Organisation berufsqualifizierender hochschulischer Bildungsgänge nicht gelingen kann.

- Berufsqualifizierende hochschulische (duale) Studiengänge als *berufliche Erstausbildung* sind unvereinbar mit einem durchgängigen dualen hochschulischen Bildungsweg. Sie schwächen die duale berufliche Erstausbildung, da diese mit den entsprechenden hochschulischen Bildungsgängen auf dem gleichen Qualifikationsniveau konkurrieren muss. Mit einem System *höherer* beruflicher Bildung an Hochschulen, das auf der dualen beruflichen Erstausbildung aufbaut, würde dagegen die duale hochschulische Bildung aufgewertet. Die duale Erstausbildung würde ebenfalls attraktiver, da sie einen gleichwertigen Zugang zum (berufsqualifizierenden) Hochschulstudium ermöglicht – vergleichbar mit dem Schweizer Übergangsmodell von der Berufslehre zum Fachhochschulstudium.
- Mit einem Gesetz zur höheren beruflichen Bildung an Hochschulen kann die Vielfalt der miteinander konkurrierenden fachschulischen und hochschulischen beruflichen Bachelorstudiengänge nach gemeinsamen Standards geregelt und dabei zugleich aufgewertet werden. Die zweijährigen verschulten fachschulischen Studiengänge würden aufgewertet zu dreijährigen dualen Studiengängen an *höheren* Fachschulen (nach Schweizer Modell). Diese Studiengänge bieten sich auch zur Vorbereitung auf die Meisterprüfung an. Damit würde eine Schwäche der Meisterschaft beseitigt: Sie ist bisher in Deutschland lediglich auf der Grundlage einer Prüfungsordnung geregelt. Die hochschulischen und fachschulischen dualen Bachelorstudiengänge sowie die fachliche Differenzierung der Meisterschaft sollten auf ca. 100 breitbandigen offenen Berufsbildern (Professionen) nach dem Konzept der Kernberufe basieren. Über die Anwendung der Ausbildungs- und Prüfungsordnungen wird unter Berücksichtigung

der lokalen/regionalen Unternehmensstruktur im lokalen Berufsbildungsdialog entschieden.
- Promotionsvorhaben und Doktorandenprogramme tragen entscheidend zur Produktion des neuen wissenschaftlichen Wissens in den Wissenschaftsdisziplinen bei. Als eine Schwäche dieser Form der Grundlagenforschung gelten das Prinzip der Disziplinarität und damit die systematische Vernachlässigung der *Erforschung des Zusammenhangswissens*. Mit der Etablierung der Clusterprojekte als einem tragenden Element der Exzellenzinitiative wurde eine Organisation der transdisziplinären Forschung etabliert. Clusterprojekte überschreiten die Grenzen der einzelnen Wissenschaftsdisziplinen und beziehen die Praxis ein. Das bietet die Chance, als einen neuen Forschungsschwerpunkt das Zusammenhangswissen zu etablieren. Zusammenhangswissen gilt als ein Merkmal der Meisterschaft. Eine komplexe berufliche Aufgabe meisterhaft zu lösen bedeutet, alle (!) relevanten Lösungskriterien wie Funktionalität, Gebrauchswert, Umwelt- und Sozialverträglichkeit zu beachten und sie situationsbezogen gegeneinander abzuwägen. Diese Form *multipler Kompetenz* fordert dazu heraus, die Erforschung von Zusammenhangswissen zu etablieren und den akademischen Grad des „*Doktor Professional*" auch in Deutschland einzuführen.

Die Architektur paralleler Bildungswege bietet ein Ausweg aus der Akademisierungsfalle

(1) Die Akademisierungsfalle ist für die berufsqualifizierenden Studiengänge eine doppelte. Einerseits erwarten die Unternehmen, dass die Absolventen dieser Studiengänge über vergleichbare Kompetenzen verfügen wie z. B. die nach dem Berufsbildungsgesetz qualifizierten Industrie- und Handwerksmeister. Andererseits werden sie nach den Hochschulgesetzen daran gemessen, wie es ihnen gelingt, die „*Freiheit der Wissenschaft*" in eine wissenschaftliche Lehre und Forschung zu übersetzen. Beide Bildungstraditionen repräsentieren unterschiedliche Kompetenzen: die der Meisterschaft sowie der Fachwissenschaftler.

Zusammenfassung

Mit einer Architektur paralleler Bildungswege können beide Bildungs- und Qualifizierungstraditionen auf einem hohen Qualitätsniveau *parallel und sich ergänzend* etabliert werden.
(2) Die Attraktivität der dualen beruflichen Erstausbildung wird für die Jugendlichen dadurch erhöht, dass sie neben dem Abitur einen gleichwertigen Zugang zum Hochschulstudium ermöglicht. Für die Unternehmen erleichtert eine hoch entwickelte duale Berufsausbildung die Einführung flacher Unternehmensstrukturen durch die Verlagerung von Kompetenzen und Verantwortung in die direkt wertschöpfenden Prozesse auf die Ebene qualifizierter beruflicher Facharbeit. Dadurch verändert sich das Verhältnis von direkt und indirekt wertschöpfenden Arbeitsprozessen zugunsten der direkt wertschöpfenden Prozesse. Dies erhöht die Arbeitsproduktivität und damit die Wettbewerbsfähigkeit der Unternehmen (→ Abb. 3).

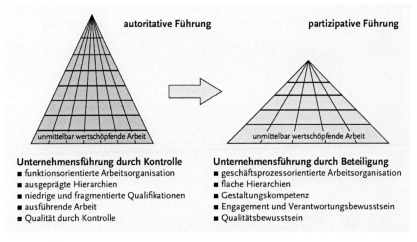

Abb. 3: Geschäftsprozessorientierte Organisationsstruktur

(3) Ein durchgängiger dualer Bildungsweg mit einer höheren beruflichen Bildung in Bachelor- und Masterstudiengängen trägt entscheidend zur Balance zwischen Bildungs- und Beschäftigungssystem bei. Damit lässt sich auch die (Jugend-)Arbeitslosigkeit sowie die unterwertige Be-

schäftigung von Hochschulabsolventen deutlich absenken, da duale Bildungsgänge unmittelbar an den Arbeitsmarkt angekoppelt sind.

(4) Eine Architektur paralleler Bildungswege setzt die Beteiligung des Bundes an der Steuerung der beruflichen und hochschulischen Bildung voraus. Dies bedeutet eine Rücknahme des Kooperations*verbotes* sowie die Einführung eines Kooperations*gebotes* für die Entwicklung und Realisierung einer funktionierenden Lernort*kooperation* für alle Formen der dualen beruflichen Bildung. Auch hier ist die Schweiz ein Vorbild für eine gelungene Verfassungsänderung sowie ein umfassendes – alle Formen beruflicher Bildung einbeziehendes – Berufsbildungsgesetz.

Einleitung: Das große internationale Experiment: die miteinander konkurrierenden beruflichen Bildungssysteme

Die Akademisierung der Bildungssysteme ist ein internationaler Trend, der seit Jahrzehnten von den Bildungsexperten beobachtet, analysiert und in seiner Bedeutung unterschiedlich bewertet wird. Spätestens als dieser Trend auch Deutschland mit seinem hoch entwickelten dualen Berufsbildungssystem erreicht hat, erregte die These vom „Akademisierungswahn" (NIDA-RÜMELIN) die Gemüter der Beteiligten. Die Diskussion erhielt eine neue Qualität, als die Studienanfängerzahlen die der neu abgeschlossenen Ausbildungsverträge 2013/14 erstmals übertraf (→ Abb. 4). Dabei ist jedoch zu berücksichtigen, dass ca. ein Drittel der Studienanfänger und etwa ein Fünftel der Auszubildenden ihre Ausbildung abbrechen. Von den Studienabbrechern entscheidet sich mittlerweile ein großer Teil für eine (duale) berufliche Bildung.[1]

Moritz SEYFFARTH (Deutscher Industrie- und Handelskammertag, DIHK) fasste die Analysen und Bewertungen des DIHK wie folgt zusammen: Danach können 31% der Betriebe ihre Ausbildungsplätze nicht besetzen. Jedes vierte Unternehmen mit unbesetzten Ausbildungsstellen erhielt überhaupt keine Bewerbungen. Die Entkopplung zwischen Arbeitsmarkt und Berufsbildungssystem in der Zeit von 1999 bis 2015 sei gekennzeichnet durch einen Zuwachs der Beschäftigten um 12,1% bei gleichzeitigem Rückgang der Ausbildungsquote (Verhältnis Auszubildende zu Beschäftigten) um 6,7%. Als Ursache dieser Entwicklung identifiziert der DIHK die Akademisierung der Bildung sowie die unzureichende Ausbildungsreife der Bewerber um einen Ausbildungsplatz. Daher bleibe jeder achte Jugendliche ohne eine Berufsausbildung. Dazu trage auch eine mangelhafte auf die Berufswahl vor-

Einleitung

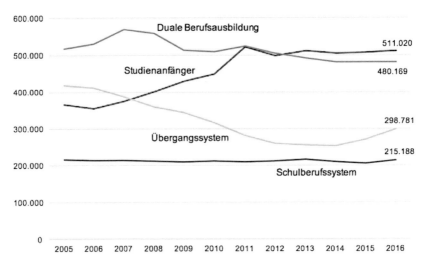

Quelle der Daten: Autorengruppe Bildungsberichterstattung: Bildung in Deutschland 2016 (für die Werte bis 2015); Daten für 2016: Statistisches Bundesamt: Schnellmeldung Integrierte Ausbildungsberichterstattung - Anfänger im Ausbildungsgeschehen nach Sektoren/Konten und Ländern 2016, Wiesbaden, März 2017

Abb. 4: Anfängerzahlen im Ausbildungssystem: Von neuen Studierenden bis zu Eintritten in das „Übergangssystem"

bereitende Bildung in den allgemeinbildenden Schulen bei. Die Attraktivität der dualen Berufsausbildung müsse daher dringend gestärkt werden (welt.de: 28.07.2017).

Bereits 2011 hatten die G20-Arbeitsminister mit einer kurzen aber sehr eindeutigen Stellungnahme zur Qualität der dualen Berufsausbildung international großes Aufsehen erregt. Sie hatten sich angesichts des dramatischen Anstiegs der Jugendarbeitslosigkeit in den meisten G20-Ländern sowie darüber hinaus als ein internationales Phänomen über eine Empfehlung für die *„Einrichtung hochwertiger Systeme der Lehrlingsausbildung"* verständigt: *„Wir sind uns einig, dass Ausbildungssysteme auf dualer Grundlage und in der Form der Lehrlingsausbildung [...] besonders effektiv sind."* Dies kann auch als eine Aufforderung zur Beendigung eines gigantischen internationalen Experimentes der miteinander konkurrierenden Berufsbildungssysteme interpretiert werden[2], dessen Ergebnis sich deutlich abzeichne. *Das duale Berufsbildungssystem hat sich als das effektivste der miteinander konkurrierenden Systeme erwiesen.*

Ein Vergleich der Jugendarbeitslosigkeit zwischen Ländern mit einer entwickelten dualen Berufsausbildung und anderen – meist schulischen – Formen der Berufsausbildung zeigt, auf welcher Grundlage die entschiedene Positionierung der G20-Arbeitsminister zur Weichenstellung für die Etablierung des „*hochwertigen Systems der Lehrlingsausbildung*" basiert.

Zur Verschärfung der Jugendarbeitslosigkeit hatte auch das regelmäßige und wiederholte Drängen der OECD beigetragen, die Entwicklung einer „*wissensbasierten Ökonomie*" (knowlege based economy) durch eine Akademisierung der Bildung zu fördern und sich dabei an den Beispielen der Länder mit einer „College for All"-Politik zu orientieren.

Das entschiedene Plädoyer der G20-Arbeitsminister für die Einführung der dualen Berufsausbildung hat nicht nur die Gewichtung der beruflichen und akademischen Bildung in der internationalen Bildungsdiskussion verschoben. Im Wettbewerb der miteinander konkurrierenden Systeme der Qualifizierung beruflicher Fachkräfte wurde durch diese Vereinbarung mit seltener Deutlichkeit eine Weichenstellung zugunsten der dualen Berufsausbildung gefordert. Überraschend ist dieses Ereignis deshalb, da von den fünf miteinander konkurrierenden Systemen und Traditionen der Qualifizierung beruflicher Fachkräfte die Variante der dualen Berufsausbildung bis Ende der 1990er Jahre als das mit Abstand schwächste System – als ein „*Auslaufmodell*" – galt.

Die schulischen Berufsbildungssysteme der Sekundar- und Post-Sekundarstufe basieren auf fachsystematischen (praxisfernen) Curricula, führen zu einer Abkopplung vom Arbeitsmarkt und tragen zu einer hohen (Jugend-)Arbeitslosigkeit bei.

International konkurrieren fünf Formen der beruflichen Bildung miteinander:

Die schulischen Berufsbildungssysteme der Sekundar- und Post-Sekundarstufe basieren auf fachsystematischen (praxisfernen) Curricula, führen zu einer Abkopplung vom Arbeitsmarkt und tragen zu einer hohen (Jugend-)Arbeitslosigkeit bei.

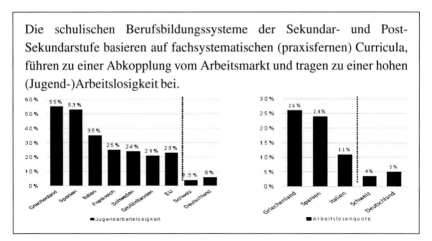

Abb. 5: Jugendarbeitslosigkeit und Arbeitslosigkeit in Ländern mit schulischen und dualen Berufsbildungssystemen

1. die schulische Form der Berufsbildung,
2. der direkte Übergang von der Schule in eine Beschäftigung als eine Qualifizierung im Prozess der betrieblichen Organisationsentwicklung (das Arbeitsorganisationsmodell),
3. die Steuerung der Qualifizierung mit modularisierten Zertifizierungssystemen („*Qualifizieren unabhängig von Ort und Zeit*"),
4. das System der dualen Berufsausbildung und
5. die Verberuflichung hochschulischer Bildung: Verlagerung der Berufsausbildung in die Hochschulen.

Die schulische Berufsbildung

Die mit großem Abstand verbreitetste Form der beruflichen Bildung findet an berufsbildenden Schulen statt. Zwei Gründe sind es vor allem, die zu ihrer Verbreitung beigetragen haben. Schulische Berufsbildungssysteme lassen sich am leichtesten in die Bildungssysteme integrieren – zumindest oberflächlich betrachtet. Ihre Steuerung gelingt problemlos, da die politische und bildungsplanerische Verantwortung nur *einem* Regierungsressort, in der Regel den Bildungsministerien mit ihren Bildungsverwaltungen, zugeordnet ist. Dies ist zugleich eine entscheidende Schwäche der schulischen Variante beruflicher Bildung. Da die berufliche Qualifizierung von Fachkräften für den Arbeitsmarkt und die Unternehmen zugleich eine bedeutende wirtschafts-, arbeitsmarkt-, sozial- und bildungspolitische Aufgabe ist, die alle Sektoren des Beschäftigungssystems tangiert, bedarf es einer *pluralen Steuerung* der beruflichen Bildungssysteme. Diese ressortübergreifende (integrierte) Form der Steuerung beruflicher Bildung unter Beteiligung der Organisationen der Arbeitswelt stellt hohe Anforderungen an die beteiligten Institutionen und Akteure (→ 4.1.3).

Qualifizieren im Prozess der betrieblichen Organisationsentwicklung
Der direkte Übergang von der Schule in die Unternehmen zeichnet(e) das System der japanischen Qualifizierung von Arbeitskräften für die direkt wertschöpfenden Unternehmensprozesse aus. Größte internationale Beachtung fand diese – oft übersehene – Variante der Qualifizierung von Fachkräften mit der Veröffentlichung der MIT-Studie zur schlanken Produktion in der japanischen Automobilindustrie.[3] Diese größte aller je durchgeführten Industriestudien löste vor allem in der produzierenden Industrie der im internationalen Qualitätswettbewerb miteinander konkurrierenden Länder mit ihrem zentralen Ergebnis einen Schock aus: *Die Arbeitsproduktivität der japanischen Automobilindustrie übertraf zu diesem Zeitpunkt um das Doppelte die ihrer Wettbewerber in den USA und Europa.* Dieser große Wettbewerbsvorteil basierte auf dem gelungenen Strukturwandel von einer funktionsorientierten zu einer an den betrieblichen Geschäftsprozessen orientierten flachen Organisationsstruktur (→ Abb. 6).

Das Überleben der betroffenen Unternehmen des internationalen produzierenden Sektors – vor allem der Automobilindustrie einschließlich ihrer Zulieferer – hing davon ab, diesen Strukturwandel nachzuvollziehen.

Für die berufliche Bildung war diese Studie von elementarer Bedeutung. Sie markiert mit großer Deutlichkeit die Ablösung der vom

Einleitung

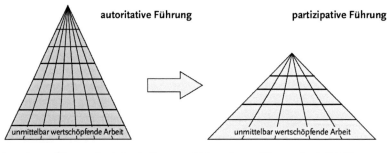

Abb. 6: Strukturwandel von einer funktions- zu einer geschäftsprozessorientierten betrieblichen Organisationsstruktur

Scientific Management (von W. TAYLOR wissenschaftlich begründet und praktisch erprobt) geprägten industriellen Berufsausbildung durch eine an der Leitidee der *Mitgestaltung der Arbeitswelt* orientierten Berufsausbildung. Die schlanke Produktion zeichnet eine Verlagerung von Kompetenzen, Verantwortung und Aufgaben der Qualitätssicherung in die direkt wertschöpfenden Arbeitsprozesse aus sowie eine deutliche Rücknahme der horizontalen und vertikalen Arbeitsteilung. Einige ausgewählte Untersuchungsergebnisse der 1990 vom MIT vorgelegten Studie zeigen, worin die große Herausforderung dieser Studie für die an der Mitgestaltung der Arbeitswelt orientierte Berufsbildung liegt (→ Abb. 7). Dies gilt vor allem für die sehr große Zahl der Verbesserungsvorschläge der Beschäftigten und die Reflexion der Arbeitserfahrungen als ein zentrales Element des Lernens im Arbeitsprozess.

Die berufspädagogische Auswertung der MIT-Studie fand ihren Niederschlag auch im Konzept der offenen und breitbandigen Kernberufe.[4] Im Rahmen eines Modellversuches mit allen Standorten des VW-Konzerns in Deutschland gelang es uns, 17 traditionelle, an be-

Einleitung

Merkmale	Japan	USA	Europa
Fertigungsstunden pro Fahrzeug	16,8	25,1	36,1
Montagefehler pro Fahrzeug	60	82	92
Zahl der Verbesserungsvorschläge der Beschäftigten	154	1	1
Reflektion der Arbeitserfahrung (Std.)	380,3	46,4	173,3

Abb. 7: Vier Merkmale der schlanken Produktion, darunter das Lernen im Arbeitsprozess (82)

ruflichen Verrichtungen ausgerichtete Berufe zu fünf Kernberufen zusammenzufassen (→ Abb. 8).

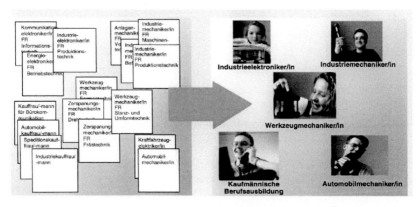

Abb. 8: Entwicklung von Kernberufen: das Beispiel des VW-Konzerns[5]

Diese zweite Variante der Qualifizierung beruflicher Fachkräfte hat in ihrer japanischen Variante keine Zukunft, da sie auf einer rigiden Teilung des Arbeitsmarktes in Kern- und Randbelegschaften basiert. Nur für die Mitglieder der Kernbelegschaften (ca. 35–40 % der Beschäftigten) gilt das Privileg einer lebenslangen, fürsorglichen und gut dotierten Beschäftigung. Daher ist ihre emotionale Bindung an „ihr" Unternehmen und zugleich das Wissen um die Risiken beim Ausscheiden aus einer Kernbelegschaft die entscheidende Ursache für das viel zitierte außergewöhnlich hohe *betriebliche* Engagement japanischer Beschäftigter. Das im Rahmen der deutschen dualen Berufsausbildung in den 1980er und 1990er Jahren entwickelte didaktische Konzept einer *gestaltungsorientierten* Berufsbildung erhielt durch das (japanische) Modell der schlanken Produktion seine wegweisende internationale Bedeutung.

Die Steuerung der beruflichen Bildung auf der Grundlage modularer Zertifizierungssysteme

Das System der modularisierten Zertifizierungssysteme wurde als eine Leitidee für das EU-Projekt des lebenslangen Lernens ausgewiesen und – zumindest programmatisch – als Instrument der Steuerung für das Zusammenspiel zwischen beruflicher Qualifizierung und Arbeitsmarkt etabliert. Die Leitidee „*Qualifizieren unabhängig von Ort und Zeit*" markiert mit seltener Deutlichkeit, von welchen Überzeugungen sich die Schöpfer dieser marktradikalen Position leiten ließen. Geregelte Ausbildungs-, Lern- und Studienzeiten, wie sie für Bildungssysteme und Bildungsgänge eingeführt sind, behindern danach ebenso die Qualifizierung von Fachkräften wie definierte Lernorte. Dazu zählen in der dualen Berufsausbildung die Lernorte Ausbildungsbetrieb und berufsbildende Schule. Verfügt man über ein modularisiertes Zertifizierungssystem und entsprechende Zertifizierungsagenturen, dann erübrigen sich nach diesem Qualifizierungsmodell so aufwändige Aktivitäten wie die mit den Sozialpartnern abzustimmende Berufsentwicklung, die unter Beteiligung der Berufsbildungsforschung zu entwickelnden beruflichen Curricula sowie die Etablierung eines nicht weniger komplizierten Systems der Qualitätssicherung für die berufliche Bildung. Wenn es dagegen jedem Einzelnen überlassen bleibe, sich Kompetenzen anzueignen im breiten Angebot von Bildungsträgern oder im Rahmen einer Beschäftigung, dann werde die Verantwortung für die Steuerung der beruflichen Kompetenzentwicklung auf die Beschäftigten übertragen. Denn nur diese – so die Annahme – können entscheiden, welche Qualifika-

tionen sie sich zur Verbesserung ihrer Beschäftigungschancen und ihrer Karriereambitionen am ehesten aneignen sollten. Sie können am besten einschätzen, über welche Qualifizierungs- und Beschäftigungspotenziale die Unternehmen ihrer Kommunen und Regionen verfügen oder ob sie einen Ortswechsel und gegebenenfalls eine Beschäftigung in einem anderen Land (zum Beispiel der Europäischen Union) in Kauf nehmen wollen. Eine größere Flexibilität des Arbeitsmarktes können sich die Erfinder dieses Qualifizierungsmodells nicht vorstellen. Großbritannien gilt als Erfinder dieses Systems. Das für die Umsetzung des Europäischen Qualifikationsrahmens (EQR) auf den Weg gebrachte Projekt ESCO (European Classification of Skills/Competences, Qualifications and Occupations) basiert auf einem System modularisierter Qualifikationen als Grundlage sowohl für die Steuerung eines europäischen Arbeitsmarktes sowie die Gestaltung und Entwicklung der Instrumente für die Qualifizierung der Beschäftigten. Vor allem vier Effekte versprechen sich die Initiatoren des Projektes ESCO:
- höchste Flexibilität des Arbeitsmarktes,
- die Verkürzung der Reaktionszeiten bei der Anpassung an den Arbeitsmarkt,
- die Jobsuchenden und Beschäftigten entscheiden selbst über die Zusammenstellung ihres Jobprofils und
- die nationalen Berufsbildungssysteme können mit ESCO in einen europäischen Qualifizierungsmarkt überführt werden.[6]

Diese EU-Initiative ist zurückzuführen auf das Projekt „*National Vocation Qualifications – NVQ*" Großbritanniens, mit dem das ambitionierte Ziel verfolgt wurde, die Tradition der Lehrlingsausbildung durch ein marktbasiertes Zertifizierungssystem zu ersetzen. Die negativen Auswirkungen dieses Systemwechsels: De-Industrialisierung, Dequalifizierung der Beschäftigten, Anstieg der Jugendarbeitslosigkeit, soziale Desintegration der Jugendlichen und Verberuflichung der hochschulischen Bildung haben in der britischen Berufsbildungspolitik zu einem erneuten Kurswechsel beigetragen. Mit einer großen Kraftanstrengung der britischen Industrie, unterstützt mit Ressourcen der Regierung, geht es

Einleitung

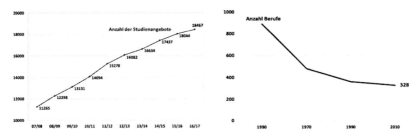

Abb. 9: Entwicklung der Studiengänge seit 2007/08 und der Ausbildungsberufe seit 1950, Quelle: HRK-Hochschulkompass, 01.09.2016 (2016/2017)

um den Versuch, die duale Berufsausbildung wiedereinzuführen (modern apprenticeship) und dabei an die einmal hoch entwickelte Tradition der dualen Berufsausbildung in Großbritannien anzuknüpfen.[7]

Verlagerung beruflicher Bildung in die Hochschulen

Mit der Bologna-Reform wurde in der Europäischen Union das angloamerikanische Modell des gestuften Bachelor-Master-Studiums eingeführt. Die Tradition des forschenden Lernens an Universitäten, als den Trägern des Wissenschaftsprozesses, wurde durch eine neue Architektur hochschulischer Bildung abgelöst, von der alle Zweige des Hochschulsystems betroffen sind. Geschützt durch die in der Verfassung verankerte Freiheit der Wissenschaft nutzten vor allem die (ehemaligen) Fachhochschulen und die zu Hochschulen aufgewerteten ehemaligen Berufsakademien die Bologna-Vereinbarung mit ihrer neuen Leitidee *Employability* zur Einrichtung immer weiter ausdifferenzierter berufsqualifizierender Studiengänge. Der Grad der Spezialisierung der Studiengänge ist mittlerweile so weit fortgeschritten, dass von dieser Leitidee oder gar einer wissenschaftlichen Bildung in den Studiengängen mit nur noch *tätigkeitsbezogenen Studiengangsprofilen* kaum noch etwas übriggeblieben ist (→ Abb. 9).

Berufsqualifizierende Studiengänge befinden sich in einem doppelten Dilemma. Die Versuche, der beruflichen Qualifizierung ihrer Studenten gerecht zu werden, gelingt am ehesten durch die Einführung erfolgreicher Ausbildungsformen, wie sie für die duale Berufsausbildung

Einleitung

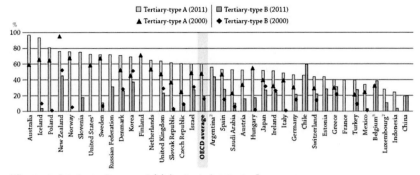

Abb. 10: Studentenanfängerquoten 20010/11; OECD (2013): Education at Glance 2013. OECD Indicators, 292

unter Mitwirkung der Organisationen der Arbeitswelt und der Berufsbildungsforschung (z. B. des BIBB) entwickelt wurden. Beschreitet eine Hochschule diesen Weg, dann verlässt sie den durch die Hochschulgesetzgebung und die Verfassung geschützten Geltungsbereich der wissenschaftlichen Bildung: *die Beteiligung an der Entwicklung und Pflege von Wissenschaft.* Da andererseits die Inhalte und Formen der beruflichen Bildung im Berufsbildungsgesetz (BBiG) und in den Bildungsgesetzen der Länder geregelt sind, versuchen die Hochschulen in der Studienpraxis – jede für sich – unter Berufung auf die *Autonomie* bei der Gestaltung ihrer Lehre (*die eigentlich nur für die wissenschaftliche Lehre gilt*) sich irgendwie im Dschungel des aus den Fugen geratenen Hochschulsystems ein je eigenes Profil für ihre berufsqualifizierenden Studiengänge zu schneidern.

So wird zum Beispiel an der Dualen Hochschule Baden-Württemberg (DHBW), der mittlerweile größten Hochschule Baden-Württembergs, auf die neue Leitidee für das Hochschulstudium, das Erreichen der Beschäftigungsfähigkeit (Employability), verwiesen: *„Das Leitbild Employability muss die Gestaltung der Lehrveranstaltungen an der*

DHBW, aber auch die Gestaltung der Praxisphasen bei den Ausbildungspartnern prägen."[8] Diese Leitidee fällt weit hinter die von der KMK (Kultusministerkonferenz) bereits 1991 formulierte Leitidee für eine moderne Berufsbildung zurück. Die KMK hatte eine Empfehlung der Enquetekommission des Deutschen Bundestages[9] aufgegriffen und in einer Vereinbarung für die berufsbildenden Schulen verankert: „*Befähigung zur Mitgestaltung der Arbeitswelt und der Gesellschaft in sozialer und ökologischer Verantwortung*". Seither ziert jeden Rahmenlehrplan der KMK in der Präambel diese Leitidee. 1996 legte die KMK eine Handreichung zur Umsetzung dieser Leitidee in eine an beruflichen Handlungs- und Lernfeldern orientierte Entwicklung der Rahmenlehrpläne vor.[10] Die im Hochschulsystem verankerten neuen Formen der berufsqualifizierenden Bildungsgänge sind nicht eingebunden in die Prozesse der Berufsbildungsplanung nach dem BBiG sowie die Berufsbildungsforschung des BIBB und des Instituts für Arbeitsmarkt- und Berufsforschung (IAB). Sie werden von jeder Hochschule in eigener Zuständigkeit vom jeweiligen akademischen Senat gesteuert. Es überrascht daher nicht, dass diese Studiengänge weder den Anforderungen der durch die Verfassung geschützten Forschung und Lehre genügen, noch den Qualitätsanforderungen der modernen Berufsausbildung.

Die duale Berufsausbildung

Die duale Berufsausbildung ist eine Variante der beruflichen Bildung, die im letzten Jahrzehnt im Wettbewerb der Systeme von einem aussichtslosen letzten Platz (in den 1990er Jahren) im internationalen Ansehen auf die Spitzenposition vorgerückt ist. An der geringen Verbreitung des nur in sehr wenigen Ländern auf einem hohen qualitativen und quantitativen Niveau etablierten Berufsbildungssystems hat dies jedoch wenig geändert. Die duale Berufsausbildung wird zwar mittlerweile in ihrer ökonomischen, sozial- und bildungspolitischen Wertigkeit hoch geschätzt. Auch die OECD als engagierte Verfechterin einer „College for All"-Politik hat seit 2015 eine bemerkenswerte Kurskorrektur vollzogen und verweist seither auf die sozial- und innovationspolitische Bedeutung der dualen Berufsbildung. Es zeigt sich jedoch, dass die erfolgreiche Einführung eines dualen Berufsbildungssystems unterschätzt wird. Selbst im dualen System Deutschlands, das weltweit als ein Musterbeispiel gilt, zeigen sich Erosionserscheinungen (→ Abb.4). Nach wie vor belastet eine große Unsicherheit über die zukünftige Entwicklung des Arbeitsmarktes unter den Bedingungen der Digitalisierung die Diskussion über die Wertigkeit beruflicher und akademischer Bildung. Zu einer gewissen Klärung haben die einschlägigen Studien des BIBB sowie das IAB beigetragen (→ Abb. 11).

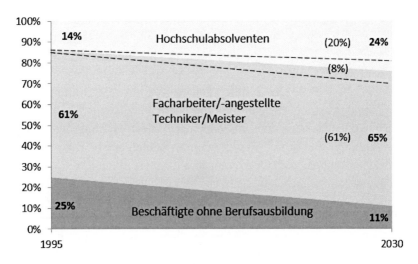

Abb. 11: Strukturentwicklung des Beschäftigungssystems von 1995 bis 2030[11]

Ob und in welchem Maße der Anteil der Hochqualifizierten im Beschäftigungssystem ansteigen wird, ist strittig. Die Einführung flacher Unternehmenshierarchien sowie die damit einhergehende Verlagerung von Kompetenzen und Verantwortung in den direkt wertschöpfenden Bereich der Unternehmen sprechen für einen Abbau ganzer Führungsebenen und damit für eine geringere Nachfrage nach Führungskräften (→ Abb. 3). Kompensiert wird diese Entwicklung durch eine stärkere Nachfrage nach wissenschaftlich Qualifizierten für den Bereich Forschung und Entwicklung. Wie die Bilanzierung beider gegenläufiger Entwicklungen ausfällt, ist Gegenstand der Forschung. Gesichert scheint zu sein, dass die Abnahme der Geringqualifizierten sich beschleunigt vollziehen wird. In der Summe bedeutet dies, dass der Anteil der Beschäftigten für den intermediären Beschäftigungssektor (Facharbeiter, Techniker, Meister) in der Tendenz stabil bleibt bzw. sogar leicht anwachsen dürfte. Nach den IAB-Analysen über das Arbeitsvolumen für hochschulisch und beruflich Qualifizierte sowie Beschäftigte ohne Ausbildung nimmt der Anteil des Arbeitsvolumens für hochschulisch Qualifizierte von 2010–2030 von 20,6 % auf 24 % zu. Für dual Ausgebildete sowie für Techniker und Meister bleibt der Anteil von 56 % etwa konstant, da das Arbeitsvolumen für Beschäftigte ohne Ausbildung deutlich abnimmt. Bei dieser groben Schätzung bleibt jedoch der anhaltende Trend der Verberuflichung hochschulischer Bildung unberücksichtigt. Dieser vollzieht sich vor allem in (dualen) Bachelorstudiengängen – und der damit verbundenen Akademisierung fachschulischer Bildung – sowie der Verlagerung der dualen Ausbildung in kaufmännischen und gewerblich-technischen Berufen mit einem hohen Abiturientenanteil in hochschulische Bildungsgänge.[12] Die Arbeitsmarktstatistiken und -prognosen weisen daher durchgängig einen zu hohen und steigenden Anteil von „akademisch" qualifizierten Fachkräften aus, die eigentlich dem Sektor der Mittelqualifizierten zugerechnet werden müssen. Diese Entwicklung stützt die These, dass der intermediäre Beschäftigungssektor das Rückgrat der ökonomischen Entwicklung und der Wettbewerbsfähigkeit der Volkswirtschaften ist und bleiben wird. Wird der Zusammenhang zwischen Beschäftigungs- und Bildungssysteme ignoriert, wie in den Ländern mit einer „College vor All"-Politik, und entspringen daraus sehr hohe Studentenquoten, dann bilden sich formelle und informelle berufliche Bildungsgänge in den Hochschulen heraus.

Ein Vergleich der dualen Berufsbildung Deutschlands und der Schweiz zeigt, dass die Ursachen für die Erosionserscheinungen der

Einleitung

dualen Berufsbildung in Deutschland nicht auf die *Form* der dualen Berufsbildung zurückzuführen sind, sondern auf ihre bisher nur unzureichend gelungene Integration in das deutsche Bildungssystem (→ Abb. 12).

	Schweiz	*Deutschland*
Berufslehre	70 %	ca. 50 %
Gymnasiale Bildung	22 %	50 %
Berufe	220	ca. 500 (BBiG, Länder, Gesundheitsberufe)
Ausbildungsdauer	3–4 Jahre	2–3,5 Jahre
Hochschulreife	Berufsabitur	Fachhochschulreife
Gesetzliche Grundlage(n)	ein (!) Berufsbildungsgesetz	fragmentierte gesetzliche Regelungen
Übergang Schule/ Berufsbildung	nahtlos	2–3 Jahre verzögert (Übergangssystem)
Zugang zum FH-Studium	nur mit abgeschlossener dualer Berufsausbildung	Abitur oder Fachhochschulreife

Abb. 12: Merkmale des Schweizer und deutschen Bildungssystems

So entscheiden sich zum Beispiel in der Schweiz 70 % eines Altersjahrganges für eine duale Berufsausbildung mit steigender Tendenz seit der Novellierung des Schweizer Berufsbildungsgesetzes 2005. In Deutschland sind dies zurzeit nur noch 48 % mit leicht fallender Tendenz seit dem ebenfalls 2005 novellierten Berufsbildungsgesetz! Auffällig ist außerdem, dass die Abiturientenquote in der Schweiz bei 20–22 % und in Deutschland bei mittlerweile ca. 50 % liegt. Schweizer Auszubildende können dagegen das berufliche Abitur im Zusammenhang mit ihrer Berufsausbildung erwerben. Nur mit dieser Vorbildung ist der Zugang zu einem Fachhochschulstudium möglich. Vor allem darauf basiert die hohe Attraktivität der Schweizer dualen Berufsausbildung. Erreicht wird damit auch, dass die duale Berufsausbildung sowie das Fachhochschulstudium zwei aufeinander aufbauende Stufen des Bildungssystems sind, während in Deutschland als Zugangsregelung für die berufsqualifizierenden (dualen) Bachelorstudiengänge ein Hochschulreifezeugnis erforderlich ist (und keine abgeschlossene duale Berufsausbildung!). Dies trägt zur Konkurrenzsituation zwischen der dualen Berufsausbildung

(Sekundarstufe II) und der hochschulischen dualen Berufsausbildung bei, die mit ihrer ausbildungsintegrierten Variante (mit ihrem praktischen Teil) ebenfalls der Sekundarstufe II und lediglich mit ihrem hochschulischen Anteil formal der tertiären Bildung zugeordnet ist.

In den folgenden drei Kapiteln wird begründet, wie es mit einer Architektur paralleler Bildungsgänge: einem traditionellen wissenschaftlichen sowie einem parallelen durchgängigen dualen Bildungsweg unter Beteiligung der Hochschulen, gelingen kann, die vielfältigen Probleme eines aus den Fugen geratenen Bildungssystems zu lösen.

1 Meisterschaft und Meisterlehre

Meisterschaft, Meisterlehre und Handwerk sind Kategorien, die in den einschlägigen Veröffentlichungen zum Wandel der Arbeitswelt im Zeitalter der Digitalisierung nicht mehr vorkommen. Bereits in Harry BRAVEMANS viel beachteter Analyse der *„Arbeit im modernen Produktionsprozess"* (1976) (im englischen Original: *The Degradation of Work in the Twentieth Century*, 1974) kommt das Handwerk lediglich als eine längst vergangene Form gesellschaftlicher Arbeit vor, die zugleich BRAVERMANS *„Sehnsucht nach einer Zeit beherrscht, die noch nicht angebrochen ist, in der für den Arbeiter die Zufriedenheit im Beruf, die sich aus der bewussten und zweckvollen Meisterung des Arbeitsprozesses ergibt, verbunden sein wird"*.[13] Als Kontrast zur systematischen Entwertung der Arbeit und der Dequalifizierung der Arbeiter durch die Einführung der wissenschaftlichen Betriebsführung verweist BRAVERMAN auf das Beispiel der Weber in der Blütezeit des Handwerks: *„Jeder Weberdistrikt hatte seine Weberdichter, seine Biologen, Mathematiker, Musiker, Geologen und Botaniker [...] Es gibt Museen und naturgeschichtliche Gesellschaften im Norden, die immer noch von den Webern zusammengetragene Unterlagen oder Schmetterlingssammlungen besitzen, während es Erzählungen über Weber in abgelegenen Dörfern gibt, die sich selbst Geometrie beibrachten, indem sie mit Kreide auf ihre Fliesen schrieben, und die darauf brannten, die Differenzialrechnung zu erörtern"* (8). Er zitiert Beispiele wie diese, um daran eine das gesellschaftliche Leben bestimmende vorindustrielle Gesellschaft und ihre Zerstörung in der Zeit des Aufstiegs des wissenschaftlichen Managements zu illustrieren. Während BRAVERMAN seine kapitalismuskritische Analyse der industriellen Entwicklung im 20. Jahrhundert aus dem Blickwinkel des von TAYLOR entwickelten Scientific Managements analysiert, entwirft Daniel BELL etwa zur selben Zeit (1973) sein auf die *zukünftige* gesellschaftliche Entwicklung gerichtetes Vexierbild der *nach-industriellen Wissensgesellschaft*. Mit seiner zentralen These beeinflusst er das Denken und Handeln von Institutionen und Akteuren der Bildungswelt bis heute: „*Das theoretische (wissenschaftliche) Wissen werde die im Industrialismus dominierenden Entwicklungsprinzipien Arbeit und Kapital verdrängen. Alle gesellschaftlichen Sphären, vor allem der Wirtschaft, der Politik und der Sozialstrukturen werden sich in der post-industriellen Gesellschaft (der Wissensgesellschaft) um* **das neue axiale System des theoretischen Wissens** *drehen. Dieses Wissen werde in den Forschungsprozessen generiert und vor allem in der hochschulischen Bildung vermittelt.*" Dabei seien, so fügt er mahnend hinzu, „*die Niederungen der Qualifikationsanforderungen aus der Erwerbsarbeit zu vermeiden, da diese zur Entwertung des an der Systematik der Wissenschaften ausgerichteten Wissens führt*".[14] In diesem Bild der Wissensgesellschaft kommt die berufliche Bildung nicht mehr vor – auch nicht an Hochschulen.

Beide Entwürfe für die gesellschaftliche Entwicklung auf dem Weg in das 21. Jahrhundert haben zwar in der politischen und wissenschaftlichen Diskussion tiefe Spuren hinterlassen – für das Vexierbild der Wissensgesellschaft gilt dies bis heute. Mit der Wirklichkeit haben beide Gesellschaftsbilder jedoch wenig zu tun.

1.1 Das Handwerk aus der Sicht zeitgenössischer Philosophen

Mit großem Erstaunen mussten die gesellschaftswissenschaftliche Forschung und die am Diskurs über den gesellschaftlichen Wandel Beteiligten zur Kenntnis nehmen, dass sich drei der prominentesten Philosophen unserer Zeit im letzten Jahrzehnt aus unterschiedlichen Perspektiven mit bemerkenswerten Werken zum *Handwerk* zu Wort gemeldet haben.

Richard SENNETT, der wohl bekannteste Soziologe und Kulturphilosoph der Gegenwart, hat 2008 ein Buch mit dem Titel „*Handwerk*" vorgelegt, zu einem Zeitpunkt also, zu dem sich Wissenschaft und Po-

1.1 Das Handwerk aus der Sicht zeitgenössischer Philosophen

litik darin zu übertreffen suchten, die Ursachen und Folgen der Digitalisierung auszumalen. „*Handwerk*" ist ein kulturhistorisch begründetes eindrucksvolles Plädoyer dafür, sich wieder auf die Welt der Dinge einzulassen: *„Ausdrücke wie ‚handwerkliche Fertigkeiten' oder ‚handwerkliche Orientierung' lassen vielleicht an eine Lebensweise denken, die mit der Entstehung der Industriegesellschaft verschwunden ist. Doch das wäre falsch. Sie verweisen auf ein dauerhaftes menschliches Grundbestreben: den Wunsch, eine Arbeit um ihrer selbst willen gut zu machen. Und sie beschränken sich keineswegs auf den Bereich qualifizierter manueller Tätigkeiten. Fertigkeiten und Orientierungen dieser Art finden sich auch bei Programmierern, Ärzten und Künstlern. Selbst als Eltern und Staatsbürger können wir uns verbessern, wenn wir diese Tätigkeit mit handwerklichem Geschick ausüben."*[15] In den drei Teilen seines Buches geht es ihm immer auch um die Technik als ein kulturelles Phänomen und nicht als eine geistlose Praxis. Es geht ihm in seinem Buch darum, die Dimensionen des Könnens, des Engagements und des Urteilsvermögens stets im Blick auf die Verbindung zwischen Hand und Kopf zu untersuchen: *„Bei jedem guten Handwerker stehen praktisches Handeln und Denken in einem ständigen Dialog"* (20). Der erste Teil seines Buches schließt mit Überlegungen zur Frage, inwieweit die Arbeitsweise des Handwerkers den Menschen eine Verankerung in der materiellen Realität zu bieten vermag: *„Die Geschichte hat Bruchlinien geschaffen, die Praxis und Theorie, Technik und Ausdruck, Handwerk und Künstler, Hersteller und Benutzer voneinander trennen. Die moderne Gesellschaft leidet unter diesem Erbe. Doch die Vergangenheit des Handwerks und der Handwerker vermag auch Wege aufzuzeigen, wie man Werkzeuge benutzen, körperliche Bewegungen organisieren und über Materialien nachdenken kann und diese Wege bleiben auch weiterhin brauchbare alternative Möglichkeiten geschickter Lebensführung"* (23). Im dritten Teil seines Buches setzt er sich mit dem Austauschverhältnis des Menschen mit der Natur auseinander und fasst seine Überlegungen in einem anschaulichen Bild zusammen: *„Wir werden [...] lernen müssen, Häuser anders zu bauen, das Verkehrswesen umzuge-*

stalten und Rituale zu entwickeln, die uns an einen sparsamen Umgang mit den natürlichen Ressourcen gewöhnen. Wir werden gute Umwelthandwerker werden müssen" (24).

Mit drei grundlegenden Fragen setzt sich Peter JANISCH[16] in seiner ungewöhnlichen Forschungsreise durch die Wissenschaftsgeschichte unter dem Blickwinkel des Zusammenhanges zwischen *„Handwerk und Mundwerk: über das Herstellen von Wissen"* auseinander: dem Verhältnis von Handwerk und Wissenschaft, dem Verhältnis von Handwerk und Technik und dem Verhältnis von Handwerk und Verantwortung.

JANISCH verweist am Beispiel der Entwicklung der Wissenschaften seit der Antike nach, dass sich hinter der alltäglichen Redewendung: *„Das muss immer die Erfahrung zeigen"*, die Erkenntnis verbirgt, dass sich die technisch determinierten Erfahrungen in einer experimentellen Laborwissenschaft auf eine hohe Qualität der Mess- und Laborapparaturen stützen, das technisch-handwerkliche Fundament für neue wissenschaftliche Erkenntnisse. Damit stellt er die verbreitete Vorstellung, dass die Naturwissenschaften die Grundlagen für Handwerk und Technik seien, auf den Kopf. In der Regel verhalte es sich genau umgekehrt. So wurde zum Beispiel die Dampfmaschine nicht nach den naturwissenschaftlichen Gesetzen der Thermodynamik – z. B. dem Boyl-Mariott'schen Gesetz zum Zusammenhang zwischen Druck und dem Volumen eines (idealen) Gases bei konstanter Temperatur – konstruiert, sondern zuerst wurde die Dampfmaschine nach den Regeln handwerklicher Kunstfertigkeiten entwickelt. Erst danach wurden die der Dampfmaschine zu Grunde liegenden thermodynamischen Gesetze experimentell nachgewiesen. JANISCH zitiert in diesem Zusammenhang Isaac NEWTON, der anders als die Scientific Community der Physiker, die sich seither auf ihn beruft, zu einer bemerkenswerten Einschätzung des Handwerks gelangt: *„Newton hat die einfache ‚praktische Mechanik' als Handwerkskunst ausdrücklich zur Grundlage auch der Geometrie und dann der physikalischen Theorie erklärt. [...] Nur haben spätere Generationen von Physikern nicht darauf geachtet."*[17] In seinem Fazit über ein Handwerksmodell für die Kultur gelangt JANISCH zu bemerkenswer-

1.1 Das Handwerk aus der Sicht zeitgenössischer Philosophen

ten Schlussfolgerungen und Fragen. Zur Rolle des Handwerks für die Wissenschaft gibt er zu bedenken: *„Wenn, wie sich gezeigt hat, Wissenschaften im wörtlichen Sinne keinen Gegenstand hätten, es sei denn, dieser ist handwerklich hergestellt, so fragt sich für das wissenschaftliche Mundwerk, ob es ohne das Handwerk auch keine Grundbegriffe, ja keine Grundthesen und Theorien hätte. Und hängt am Ende gar die Geltung und die Anerkennung wissenschaftlicher Ergebnisse vom Gelingen und vom Erfolg des Handwerks ab"* (335)? Und weiter gibt er zu bedenken, *„ob die bis in die Gegenwart unterschätzte Rolle des Handwerks die Wissenschaften und ihre Folgen in der heutigen technischen Zivilisation in Form eines Wahns der Macher und, allgemeiner, der technischen Machbarkeit einschließlich ihrer ökonomischen Mittel erklärt oder rechtfertigt"* (336). Auf die Frage, was die Welt im Innersten zusammenhält, verbreitete die Wissenschaft vor allem Mythen mit der die Öffentlichkeit in die Irre geführt werde. Sein zusammenfassendes Fazit lautet: *„Ist also, in der Summe, das Handwerk nicht eine großartige Kulturleistung des Menschen, die ihn wieder zurückbringen kann auf den Boden der Tatsachen? Tatsachen müssen Menschen noch immer als Sachen auf dem Boden ihrer Taten verantworten"* (336).

Der Dritte im Bunde der modernen Philosophen, der auf der Grundlage eigener Erfahrungen in seiner Motorradwerkstatt eine sehr authentische Sicht auf das Handwerk beschreibt, ist Matthew CRAWFORD[18]. Der Titel seines Buches „Ich schraube also bin ich" (mit dem Untertitel: „Vom Glück, etwas mit den eigenen Händen zu schaffen") beinhaltet bereits sein Verständnis des menschlichen Daseins. Und dieses unterscheidet sich grundlegend von dem des großen Aufklärers René DESCARTES mit seinem das Denken der aufgeklärten Welt geprägten Satz: „Ich denke also bin ich." Erläuternd fügt CRAWFORD in der Einleitung seines in kürzester Zeit zu einem Bestseller avancierten Buches hinzu: *„Ich möchte in diesem Buch für ein Ideal werben, das zeitlos ist, heute jedoch kaum noch Fürsprecher findet: für das handwerkliche Können und die darin zum Ausdruck kommende Einstellung zur von Menschenhand geschaffenen dinglichen Welt"* (11). *„Ich werde dabei immer wie-*

1 Meisterschaft und Meisterlehre

der auf meine eigenen Erfahrungen bei der manuellen Arbeit – zuletzt als Motorradmechaniker – zurückgreifen." Und was das Buch auf keinen Fall sein solle: „*eine Mystifizierung der Handwerkskunst*" (15). Es geht ihm um die Erklärung des wirklichen Wissens, eines Wissens, das der Auseinandersetzung mit den wirklichen Dingen entspringt und um die Besonderheiten der individuellen Handlungsmacht: der beruflichen Kompetenz. Echte Handlungsmacht beruhe nicht einfach auf freien Entscheidungen und auf Autonomie, wie es die bedeutenden Philosophen der Aufklärung (wie KANT und DESCARTES) gesehen haben, „*sondern paradoxerweise auf der Unterordnung unter Dinge, die ihr eigenes, unergründliches Wesen haben, ob dieses Ding nun ein Musikinstrument, ein Garten oder eine zu reparierende Brücke ist*" (45).

Die Begründer des individuellen autonomen Selbst der westlichen Kultur glaubten, man könne die äußere Welt vollkommen seinem Willen unterwerfen, indem man sie als Projektionen des Geistes behandele. CRAWFORD verweist auf die Welt der Digitalisierung im neuen Jahrhundert und fügt hinzu: „*Zu Beginn des 21. Jahrhunderts wimmelt es in unserem Alltagsleben (und vor allem in der Arbeitswelt) von Repräsentationen [...], sodass wir mittlerweile ein weitgehend vermitteltes Dasein führen.*" Er warnt davor, „*dass jeder, der die Macht hat, betörende Repräsentationen zu gestalten (z. B. mit den Potenzialen der Digitalisierung), unser Bewusstsein formen könne*" (49).

Die philosophische Leitidee seines Buches „*Die Wiedergewinnung des Wirklichen. Eine Philosophie des Ichs im Zeitalter der Zerstreuung*" ist es, das Wirkliche wiederzugewinnen und es den Repräsentationen entgegenzusetzen. Hier irrten sich, so CRAWFORD, so bedeutende Autoren wie KANT, der eine hohe Mauer errichtete zwischen der empirischen und der geistigen Welt, in der der Mensch a priori moralische Gesetze entdecken könne. „*Wenn wir frei sein wollen*", so KANT, „*können nur diese Gesetze Beweggründe für unser Handeln sein*". Dem setzt CRAWFORD seine nicht zuletzt auf den Erfahrungen handwerklicher Tätigkeit in seiner Motorradwerkstatt beruhende Erkenntnis entgegen: „*Ich hingegen bezeichne es als die Grundlage der menschlichen Handlungs-*

macht, wie wir sie tatsächlich erfahren". Die Erfahrungen, die der Meister und seine Gesellen, ja bereits die Lehrlinge erleben, verweisen *„auf die in ihren Gewerken und gegebenen Möglichkeiten der Gestaltung der Arbeitswelt – und darüber hinaus auf die kulturellen Möglichkeiten von Entwicklung und Gestaltung hin. Die Gestaltung der Dinge kann die verkörperte Handlungsmacht stärken – oder sie kann sie einschränken, sodass wir tiefer in Passivität und Abhängigkeiten versinken"* (122 f.).

Matthew CRAWFORD hat mit seinen beiden Werken einen bedeutenden Beitrag zur philosophischen und durch vielfältige Beispiele aus der Welt des beruflichen Handelns und der Kunst – ebenso wie Richard SENNETT und Peter JANISCH – zur Begründung der neuen Leitidee beruflicher Bildung beigetragen: *der Befähigung zur Mitgestaltung der Arbeitswelt und der Gesellschaft in sozialer und ökologischer Verantwortung.*

1.2 „Meisterhaft": Dazu bedarf es einer multiplen Kompetenz

Beispiel: Meisterhaft! Die Geigenbauer aus Regensburg (Bayrisches Fernsehnen, 23.04.2007)

Der Oberpfälzer Thomas Goldfuss, Geigenbauer in der dritten Generation, steht im Regensburger Familienbetrieb vor der bisher größten Herausforderung seiner Karriere: seine Erfindung, der Cellosteg „Premio", muss sich bei Berufsmusikern bewähren und die Prüfung durch das Deutsche Patentamt bestehen. Der Vater Horst Goldfuss, bei dem Thomas das Handwerk erlernt hat, verfolgt aus nächster Nähe die kühnen Experimente seines Sohnes.

Zusammen mit dem Geigenbaumeister Jan Müsers, einem weiteren kreativen Kopf im Team, macht Thomas Goldfuss die Werkstatt zur Ideenschmiede. Ein Cello neuer Bauart entsteht – zugeschnitten auf die hohen

1 Meisterschaft und Meisterlehre

> technischen Ansprüche einer neuen Generation von Solisten. Mitzuerleben, wie die Seiten nach über 800 Arbeitsstunden aufgezogen werden und das Instrument zum ersten Mal erklingt, das geht unter die Haut.

Das Identifizieren, Bearbeiten und Lösen beruflicher Arbeitsaufgaben erfordert die Fähigkeit, diese situationsbezogen und vollständig (!) zu erfassen und zu lösen, damit neben der Funktionalität des Arbeitsergebnisses ebenso seine kostengünstige, umwelt- und sozialverträgliche Realisierung sowie der Gebrauchswert und die Nachhaltigkeit der Lösung auf einem möglichst hohen Qualitätsniveau erreicht werden.

Diese Lösungscharakteristik beruflicher Aufgaben und Arbeitsaufträge verweist auf die Vielfalt berufsfachlicher Kompetenzen: *auf das Konzept der multiplen Kompetenz*. Diese schließt die Fähigkeit ein, die jeweils zum Tragen kommenden Lösungsanforderungen in ihrer Gewichtung gegeneinander abzuwägen. Gelingt es, dabei den jeweils gegebenen Lösungs- bzw. Gestaltungsspielraum auszuschöpfen und einen überzeugenden Kompromiss zu realisieren, dann haben Auszubildende und Fachkräfte das Niveau der Gestaltungskompetenz – *die Fähigkeit der holistischen Lösung beruflicher Aufgaben* – erreicht. **An dieser Leitidee beruflicher Bildung müssen sich alle beruflichen Bildungsgänge und -systeme messen lassen.**

Die Aneignung wissenschaftlicher Kompetenz ist dagegen auf das Engste mit dem theoretischen Wissen verknüpft, das vom hocharbeitsteiligen Wissenschaftssystem hervorgebracht wird. Die Wissenschaften bilden die inhaltliche und organisatorische Struktur für das Gewinnen neuer wissenschaftlicher Erkenntnisse. Sie sind der Motor des exponentiellen Zuwachses an disziplinärem theoretischem Wissen. Die wissenschaftlichen Fächer bilden mit ihrer Fachsystematik die Grundlage für das Fachstudium. Hochschuldidaktik wird daher auch als Wissenschaftsdidaktik interpretiert (→ 2.1).

Fazit*: Beide Pole des Wissens, das berufliche und wissenschaftliche sowie die darauf basierenden Kompetenzen, bilden einen dialekti-*

schen Zusammenhang: Sie sind grundlegend verschieden und zugleich wechselseitig füreinander konstitutiv. Für die Gestaltung und Organisation einer modernen Bildungsarchitektur bedeutet dies, die Tradition der eindimensionalen Systeme der Klassifizierung von Bildungsgängen und -abschlüssen aufzugeben.

1.3 Der problematische Übergang von der beruflichen zur akademischen Bildung

Der Übergang von der beruflichen zur akademischen Bildung gehört seit Jahrzehnten zu den großen Themen der nationalen und internationalen Bildungsdiskussion. Bei der Suche nach Lösungswegen sind alle Beteiligten, die unmittelbar Betroffenen ebenso wie die Bildungsplaner und Bildungspolitiker, konfrontiert mit einer neuen Unübersichtlichkeit der Bildungslandschaft. Einerseits gelten nach wie vor die internationalen Klassifizierungssysteme wie ISCED (International Standard Classification of Education), ISCO (International Standard Classification of Occupations), der Europäische Qualifikationsrahmen (EQR) sowie die europäische Richtlinie zur Anerkennung der in den EU-Ländern erworbenen Qualifikationen bzw. Studienabschlüssen. Nach diesen Klassifizierungs- und Anerkennungsrichtlinien werden Qualifikationen und Bildungsabschlüsse nach eindimensionalen Skalen angeordnet, die zwischen fünf und zehn Qualifikationsniveaus unterscheiden. Allen ist gemeinsam, dass die unteren (beruflichen) und die oberen (akademischen) Niveaus klar durch die Definition der höheren Bildungsabschlüsse voneinander abgetrennt werden. Die *höhere* Bildung wird mit der hochschulisch-akademischen Bildung gleichgesetzt. Für sie gilt die grundgesetzlich verbriefte Freiheit der wissenschaftlichen Lehre und Forschung. Die Berechtigung zur Vergabe der akademischen Grade (Degrees) Bachelor und Master liegt bei den Hochschulen und für die Doktorgrade (Phds) bei den Universitäten. Darunter sind – mehr oder weniger ausdifferenziert – die Qualifikationen und Bildungsgänge der beruflichen Bildung

1 Meisterschaft und Meisterlehre

angeordnet. Die Barriere zwischen beruflicher und akademischer Bildung ist hoch, sie schottet beide Bildungswelten gegeneinander ab. In Deutschland weist seit Jahren der Hauptausschuss des Bundesinstituts für Berufsbildung (BIBB) auf die Hochschulstatistik hin, wonach kaum mehr als zwei Prozent der beruflich Qualifizierten – soweit diese nicht über ein Hochschulreifezeugnis verfügen – der Zugang zum universitären Hochschulstudium gelingt. Regelungen wonach z. B. beruflich Qualifizierten, die über eine Meisterqualifikation verfügen, der Hochschulzugang möglich ist[19], muten zunächst als ein Schritt zur Überwindung der Demarkation zwischen beruflicher und hochschulischer Bildung an. Bei genauerem Hinsehen entpuppt sich diese Regelung ebenso als eine Placebo-Regelung wie solche, nach denen berufliche Qualifikationen auf ein akademisch-wissenschaftliches Studium angerechnet werden können.

Meister und Meisterinnen verfügen nach einer drei- bis dreieinhalbjährigen dualen Berufsausbildung, einer Zeit der Berufserfahrung sowie der Meisterweiterbildung – nach einem fünf- bis zehnjährigen beruflichen Karriereweg in ihrem Beruf – über Qualifikationen, die sie befähigen, ein Handwerksunternehmen zu leiten, Lehrlinge auszubilden oder auch Führungsaufgaben in Industrieunternehmen, z. B. als Betriebs- oder Abteilungsleiter(in) wahrzunehmen.

Absolventen von Bachelorstudiengängen sind, vor allem dann, wenn sie lediglich über die Hochschulreife als Eingangsqualifikation für das Hochschulstudium verfügen, erst nach einer mehrjährigen Einarbeitung in ihre „neue" Profession vergleichbaren Aufgaben gewachsen. Warum sollte also ein Industrie- oder Handwerksmeister ein Bachelorstudium aufnehmen, das vor allem im Sektor Technik im Schwerpunkt mathematisch-naturwissenschaftlich ausgerichtet ist und in dessen Verlauf er sich nicht nur keine neuen Arbeitserfahrungen aneignen kann, sondern die Arbeitserfahrungen, über die er verfügt, an Bedeutung verlieren.

Die neue Unübersichtlichkeit im Bildungsbereich wird verstärkt durch die leichtfertige Inanspruchnahme des für die berufliche Bil-

1.3 Der problematische Übergang von der beruflichen zur akademischen Bildung

dung charakteristischen Merkmals „berufsqualifizierend" für hochschulische Studiengänge. Rolf ARNOLD bemerkt in diesem Zusammenhang: *„Denn sie wissen nicht, was sie tun?"*[20]

Am Ende einer dualen Berufsausbildung – einer integrierten oder alternierenden – steht stets die Berufsfähigkeit. Der Einsicht, dass man jeden Beruf zuletzt praktisch erlernen muss, setzt die Programmatik der hochschulischen Stufenausbildung (Bachelor-Master) das nicht einlösbare Versprechen eines berufsqualifizierenden Studiums entgegen. Selbst in den dualen Studiengängen lässt sich dieses Versprechen nicht oder nur sehr eingeschränkt einlösen. So ist z. B. in den *ausbildungsintegrierenden* Bildungsgängen der praktische Teil der Ausbildung identisch mit der nach dem Berufsbildungsgesetz geregelten beruflichen Erstausbildung und nicht einer auf dem Niveau der „höheren" Berufsausbildung (auf tertiärem Niveau). Den *praxisintegrierenden* Studiengängen fehlen für die praktische Ausbildung geregelte Ausbildungsordnungen. Das Dilemma, in das die Hochschulen mit dieser problematischen Ausbildungsstruktur geraten, ist in der deutschen Bildungsgeschichte neu.

Die Bestimmung der Ziele beruflicher Bildung ist seit jeher geprägt durch das Spannungsverhältnis zwischen den auf die Entwicklung der Persönlichkeit zielenden Bildungszielen und den Qualifikationsanforderungen der Arbeitswelt sowie den daraus abgeleiteten Ausbildungszielen, die der Vermittlung beruflicher Tüchtigkeit zu Grunde gelegt werden. In der berufspädagogischen Diskussion lässt sich eine Vielzahl von Versuchen ausmachen, dieses Spannungsverhältnis in der Form eines ganzheitlichen Berufsbildungskonzepts[21] aufzulösen. Auf die Tradition der Meisterschaft (i. w. S.) wird oft als ein Beispiel einer ganzheitlichen Berufsbildung verwiesen. Richard SENNETT hat – wie oben skizziert – mit seinem Buch „Handwerk" die sozial-historischen und philosophischen Wurzeln der *Meisterschaft* untersucht und ihr eine weit über das institutionalisierte Handwerk hinausreichende Bedeutung zugemessen, in dem er der Welt der fragmentierten Fertigkeiten die Meisterschaft entgegenstellt (→ 1.1). Die emphatische Formel der *„Bildung* *im Medium des Berufes*" repräsentiert wohl am ehesten die immer aufs Neue unternommenen Versuche, Bildung und Qualifikation miteinander zu versöhnen[22], um auf diese Weise die Barriere beim Übergang zwischen beruflicher und akademischer Bildung zu überwinden. Harry BRAVERMAN stuft mit seiner De-Skilling-These solche Versuche als idealistische Fehleinschätzungen der Arbeitswirklichkeit ein. Diese sei gekennzeichnet von einem Prozess der Dequalifizierung in der industriellen Arbeit und einer fortschreitenden Maschinisierung menschlicher Arbeit – unter den Bedingungen der kapitalistischen Kapitalverwertung.

Erst in den 1980er Jahren gelang es, im Zuge einer kritischen Auseinandersetzung mit dem *ökonomischen* und *technologischen Determinismus*, die Grundlagen für das *Paradigma der Gestaltung* und *Gestaltungsbedürftigkeit der Technik* sowie der *Arbeit* zu begründen und die darauf Bezug nehmende *Leitidee der Meisterschaft: der Befähigung zur Mitgestaltung der Arbeitswelt*, zu formulieren.[23] Technik wird hier nicht mehr als ein Faktor gesehen, der berufliches Handeln (und damit auch berufliche Qualifikationsanforderungen) determiniert. Vielmehr wird von einem Wechselverhältnis zwischen der technologischen Entwicklung sowie der Gestaltung und Organisation von Arbeit und Bildung ausgegangen. Die Qualifizierung der Beschäftigten wird danach nicht länger über die Qualifikationsanforderungen definiert, sondern als relativ unabhängiges Potenzial für Innovationen im Arbeitsprozess verstanden. Aus ökonomischer Sicht begründet Dieter GANGUIN diesen Perspektivwechsel: „*Wenn flache Organisationsstrukturen, kooperatives Management, Arbeit im Team und autonome Entscheidungen wesentliche Merkmale zukünftiger Arbeitsorganisation sind, muss dies sowohl gelehrt als auch trainiert werden. Daher muss die Berufsbildung völlig neue Wege gehen [...]. Das Grundmuster vom mündigen, eigenverantwortlichen und sozial handelnden Bürger muss zur Leitidee jeglicher Bildung werden.*"[24]

Aus heutiger Sicht markiert der bildungsprogrammatisch und bildungstheoretisch vollzogene Paradigmenwechsel von einer auf Anpassung an die Arbeitswelt hin zu einer auf ihre (Mit-)Gestaltung zielenden beruflichen Bildung einen konsequenten Schritt zu einer modernen Berufspädagogik. Dass zahlreiche Wissenschaften, Forschungstraditionen und die Politik an einem technikdeterministischen Weltverständnis bis Ende der 1980er Jahre festgehalten haben, *„sei heute kaum noch zu verstehen"*[25], so Burkard LUTZ anlässlich einer Bilanzierung der ersten Schritte der „Arbeit und Technik"-Forschung. Bis zur Umsetzung einer nicht-deterministischen beruflichen Bildung, die sich konsequent an der Leitidee der Gestaltungskompetenz orientiert, war es ein durch vielfältige Um- und Irrwege gekennzeichneter Weg, der erst mit der am Lernfeldkonzept orientierten *Kompetenzdiagnostik* (COMET) so ausgearbeitet wurde, dass er in der Berufsbildungspraxis beschritten werden kann.[26] Als Meilenstein kann die Vereinbarung der Kultusministerkonferenz über die Berufsschule von 1991 sowie der mit Blick auf den allgemeinen Bildungsauftrag der beruflichen Schulen formulierte Anspruch betrachtet werden, *die Auszubildenden zur Mitgestaltung der Arbeitswelt zu befähigen.* Daraus resultierte in der Diskussion des Unterausschusses Berufliche Bildung der Kultusministerkonferenz (UABBi) schon Anfang der 1990er Jahre die Einsicht, dass dieser *Perspektivwechsel von einer anpassungsorientierten* zu einer *gestaltungsorientierten Berufsbildung* einer grundlegenden Curriculum-Reform bedarf. Mit dem in der berufspädagogischen Diskussion bis heute unterschätzten, weitreichenden Reformprojekt der Einführung der auf *Lernfeldern basierenden Rahmenlehrpläne*, mit denen eine auf Gestaltungskompetenz zielende Berufsbildung intendiert ist, wurde bildungsplanerisch der Paradigmenwechsel zu einem nicht-deterministischen Weltverständnis und der sich daraus ergebenden Leitidee der Gestaltungskompetenz vollzogen.

1.4 Arbeit und Bildung

Die Identifizierung der für die berufliche Kompetenzentwicklung *„bedeutsamen Arbeitssituationen"* als Dreh- und Angelpunkt für die an

1 Meisterschaft und Meisterlehre

Lernfeldern orientierten beruflichen Bildungspläne kann sich auf grundlegende Theorien der beruflichen Kompetenzentwicklung und der Expertiseforschung stützen.[27] Es liegt daher nahe, sich mit der arbeits- und berufswissenschaftlichen Tradition der Arbeits(prozess)analyse *und* *-gestaltung* zu beschäftigen. Beide Forschungstraditionen überschreiten das Postulat der zweckfreien Wissenschaft zwangsläufig immer dann, wenn sie sich selbst als *gestaltende Wissenschaften* interpretieren. Dies zeigt eine tabellarische Übersicht zu den Merkmalen der Arbeitsgestaltung von ULICH.[28]

Da die berufspädagogische und vor allem die berufswissenschaftliche Diskussion sich häufig auf arbeitswissenschaftliche Theorien, Methoden und Forschungsergebnisse stützt, um die Zusammenhänge zwischen Arbeiten und Lernen aufzuklären und in pädagogischer Perspektive zu gestalten, sollen im Folgenden zunächst einige begriffliche Klärungen vorgenommen werden.

Berufliche Arbeitsaufgaben und berufliche Kompetenz

Mit einer *beruflichen Arbeitsaufgabe* wird eine von einem Beschäftigten zu erbringende spezifische Arbeitsleistung ergebnisbezogen beschrieben. Sie *soll* sich auf Arbeitszusammenhänge beziehen, die es den Beschäftigten erlauben, diese in ihrer Funktion und Bedeutung für einen übergeordneten betrieblichen Geschäftsprozess zu verstehen und zu bewerten. Die Strukturierung und Organisation der beruflichen Arbeit nach Arbeitsaufgaben begründet das Konzept der *Zusammenhangsverständnis* vermittelnden Arbeit.[29] Berufliche Arbeitsaufgaben sind in zweifacher Hinsicht immer auch normativ geprägt. Zunächst sind berufliche Arbeitsaufgaben eingebettet in einen Beruf. Diese aber werden in *interessengeleiteten* Aushandlungs- und Forschungsprozessen entwickelt.[30] Schon deswegen ist die Redewendung von „objektiven" Qualifikationsanforderungen, aus denen sich Berufsbilder und Ausbildungsordnungen ableiten ließen, irreführend. Darüber hinaus resultiert die Gestaltung von Arbeitsaufgaben aus miteinander konkurrierenden Konzepten der Organisation gesellschaftlicher Arbeit. Hier kann an die

1.4 Arbeit und Bildung

arbeitswissenschaftliche Tradition der Entwicklung und Erprobung humaner Arbeitsgestaltung und Arbeitsorganisation angeknüpft werden. Vor allem EMERY und EMERY, HACKMAN, OLDHAM und ULICH[31] haben sich mit der Begründung von Merkmalen für eine humane Arbeitsgestaltung befasst. Seit gezeigt werden konnte, dass eine humane Arbeitsgestaltung und „*Human Centred Systems*"[32] bei der Realisierung computergestützter Arbeitssysteme wettbewerbsfähig sind oder gar Wettbewerbsvorteile begründen, haben diese Konzepte Eingang in die betriebliche Organisationsentwicklung gefunden. Die Identifizierung beruflicher Arbeitsaufgaben muss daher die normativen Aspekte der Berufsentwicklung und der Arbeitsgestaltung sowie beides in ihrem Zusammenhang berücksichtigen.[33]

Gestaltungsorientierte Berufsbildung

Die in der Technikbewertungspraxis sowie der arbeitswissenschaftlichen Forschung entwickelten Konzepte der Gestaltung von Arbeitsaufgaben und Technik fanden Mitte der 1980er Jahre Eingang in die Etablierung der gestaltungsorientierten „Arbeit und Technik"-Forschung, bei der von Anfang an Bildung bzw. Qualifikation als eine untrennbar mit dieser Forschung verbundene Größe mitgedacht und berücksichtigt wurde.

Die Enquetekommission des Deutschen Bundestages „*Zukünftige Bildungspolitik – Bildung 2000*" nimmt das Konzept einer gestaltungsorientierten Berufsbildung in die Dokumentation ihrer Empfehlungen auf: „*Wenn die Humanität der zukünftigen Gesellschaft entscheidend davon abhängt, ob es gelingt, Teilungen und Zerstückelungen aufzuhalten, [...] dann muss Bildung zuallererst den Gestaltungswillen entwickeln helfen [...] und muss Gestaltungsfähigkeit [...] anstreben.*"[34] Bereits 1991 hat die KMK die neue Leitidee in einer Vereinbarung über die Berufsschule verankert.[35]

Das Konzept der holistischen Lösung beruflicher Aufgaben

Die Anforderungen an die Entwicklung berufsfachlicher Kompetenz in den beruflichen Bildungsgängen sind auf das Engste verknüpft mit den

Anforderungen an die Gestaltung von Arbeit und Technik. Hier wie da geht es um die Fähigkeit der holistischen Lösung von Aufgaben in der Arbeitswelt unter Beachtung von Kriterien, wie sie vor allem von der „Arbeit und Technik"-Forschung hervorgebracht wurden. Das im Folgenden dargestellte und begründete Modell der holistischen Lösung beruflicher Aufgaben wurde am Beispiel gewerblich-technischer Berufe entwickelt und empirisch evaluiert.[36]

An die Bearbeitung bzw. Lösung beruflicher Arbeitsaufgaben werden durchgängig acht übergeordnete Anforderungen gestellt (→ Abb. 13). In jedem konkreten Einzelfall müssen die Fachkräfte sich vergewissern, ob alle oder eine Untermenge dieser Anforderungen für die je spezifische Aufgabe von Bedeutung sind. Bei der Modernisierung einer Heizungsanlage eines Wohnhauses (z. B.) gehören zu den objektiven Gegebenheiten nicht nur eine Vielfalt verschiedener Heizungstechniken, sondern die ebenso vielfältigen Regelungen für ihre umwelt-, sicherheits- und gesundheitsgerechte sowie effiziente Nutzung für die je spezifischen Anwendungssituationen. Die objektiven Gegebenheiten bilden gemeinsam mit den subjektiven Anforderungen der Kunden an den Gebrauchswert, die Nachhaltigkeit und die ästhetische Qualität sowie den subjektiven Interessen der Beschäftigten an einer human- und sozialverträglichen Arbeitsgestaltung und Arbeitsorganisation den *Lösungsraum*, in dem die je spezifischen Lösungen beruflicher Arbeitsaufgaben verortet werden können. *Vollständigkeit* ist bei der Lösung beruflicher Aufgaben insofern gefordert, als die Lösung beruflicher Aufgaben in allen Sektoren gesellschaftlicher Arbeit stets darauf verwiesen ist, keinen der Lösungsaspekte zu übersehen. Wird z. B. bei einem Arbeitsauftrag der Aspekt des technologischen Lösungsniveaus zu hoch bewertet (Overengineering) und der Aspekt der Finanzierbarkeit oder Benutzerfreundlichkeit unterbewertet oder vergessen, dann kann dies den Verlust eines Arbeitsauftrages bedeuten. Werden bei einer Auftragsabwicklung und Arbeitsgestaltung Sicherheits- und Umweltaspekte übersehen, dann hat dies in der Regel rechtliche Konsequenzen.

1.4 Arbeit und Bildung

Abb. 13: Die Kriterien der holistischen (vollständigen) Lösung beruflicher Aufgaben

Als *holistisch* wird das Konzept der vollständigen beruflichen Aufgabenlösung bezeichnet, da es dabei über die Vollständigkeit einer Aufgaben- oder Problemlösung hinaus auch darum geht, die jeweils lösungsrelevanten Kriterien in ihrer Gewichtung und Konkretisierung gegeneinander abzuwägen. Über eine hohe Gestaltungskompetenz verfügen Fachkräfte dann, wenn es ihnen gelingt, für eine spezifische *Anforderungssituation* eine spezifische Aufgabenlösung zu entwickeln, die einen *guten Kompromiss* zwischen den zum Teil im Widerspruch zueinander stehenden Anforderungskriterien repräsentiert.

Der in einer konkreten Arbeitssituation gegebene *Lösungsraum* wird begrenzt durch die Gegebenheiten einer spezifischen *betrieblichen Arbeitssituation*. Während es in betrieblichen Arbeitsprozessen darauf ankommt, die *gegebenen* Regeln und Normen zu kennen und bei der Lösung betrieblicher Aufträge zu berücksichtigen, weist der Bildungsauftrag einer berufsbildenden Schule darüber hinaus. Im *Bildungs*prozess geht es auch um das *Verstehen* der *historischen Gewordenheit von Gegebenheiten* und die darin inkorporierten Interessen, Zwecke und kulturellen Orientierungen. Nur auf diese Weise lassen sich die *gesellschaftlichen* Gestaltungsspielräume bei Innovationen im Bereich Arbeit und Technik ausloten. Für die (Hoch-)Schule sind Auszubildende und Stu-

1 Meisterschaft und Meisterlehre

dierende nicht nur Fachkräfte, die auf die Lösung beruflicher Aufgaben in Unternehmen vorbereitet werden, sondern auch *Akteure des gesellschaftlichen Wandels*. Schüler, Studierende und Fachkräfte sind in ihrer vielfältigen Rolle als Lernende, Betriebsangehörige, Konsumenten, Mitglieder in Gewerkschaften und Vereinen an den sich ständig vollziehenden Gestaltungsprozessen beteiligt. Mit dem Reformprojekt der nach Lernfeldern zu gestaltenden beruflichen Bildungspläne und -prozesse hat diese Leitidee Eingang in die Berufsbildungsplanung und -praxis gefunden. Zum Bildungsauftrag der Berufsschule führt die KMK (1991, 1999) aus: *„Die Berufsschule und die Ausbildungsbetriebe erfüllen in der dualen Berufsausbildung einen gemeinsamen Bildungsauftrag [...]. Die Berufsschule hat eine berufliche Grund- und Fachbildung zum Ziel und erweitert die vorher erworbene allgemeine Bildung. Damit will sie zur Erfüllung der Aufgabe im Beruf sowie zur Mitgestaltung der Arbeitswelt und der Gesellschaft in sozialer und ökologischer Verantwortung befähigen"* (8). Seither wird dieser Bildungsauftrag in allen KMK-Rahmenlehrplänen verankert.[37]

Arbeitsprozesswissen

Bildet man das Konzept der holistischen Aufgabenlösung auf der Ebene des beruflichen Wissens ab, dann bietet sich die Kategorie des *Arbeitsprozesswissens an*. Arbeitsprozesswissen entspringt der reflektierten Arbeitserfahrung, es ist das in der praktischen Arbeit inkorporierte Wissen. Arbeitsprozesswissen ist eine Form des Wissens, das die praktische Arbeit anleitet. Es reicht als kontextbezogenes Wissen weit über das kontextfreie theoretische Wissen hinaus. Bereits der Modellversuchsschwerpunkt „*Dezentrales Lernen*" und „*Lernen am Arbeitsplatz*"[38] orientierte sich an dieser Einsicht und erprobte die Rückverlagerung der Ausbildung in den Arbeitsprozess. Die Redewendung vom „Lernen am Arbeitsplatz" wurde später durch die vom „Lernen im Arbeitsprozess" weitgehend verdrängt. Bei aller Unschärfe der Begrifflichkeiten, die die einschlägige Diskussion prägt, trägt die Hinwendung zum Begriff des *Arbeitsprozesses* dem Strukturwandel in der Or-

1.4 Arbeit und Bildung

ganisation betrieblicher Arbeits- und Geschäftsprozesse Rechnung: Das Prinzip der funktionsorientierten Organisation wird zunehmend durch das der Orientierung an den betrieblichen Geschäftsprozessen überlagert (→ Abb. 6). Dies hat den Blick für den Prozesscharakter von Arbeit und Organisation bis hin zu einer Technik, die zunehmend erst im Prozess der betrieblichen Implementation und Organisationsentwicklung konkret ausgeformt werden muss, geschärft. Im Folgenden soll daher das Konzept des *Arbeitsprozesswissens im Kontext einer gestaltungsorientierten Berufsbildung* näher untersucht werden. In der Expertiseforschung wird in Anlehnung an Wilfried HACKER zwischen dem handlungsleitenden, handlungserklärenden und handlungsreflektierenden Wissen unterschieden.[39]

Handlungsleitendes Wissen (Know That) ist regelbasiertes Wissen, das die Ausführung einer Handlung bewusst oder unbewusst reguliert. Es schließt je nach Arbeitsaufgabe und Beruf auch das implizite Wissen (tacit knowledge) ein, das zwar im Arbeitsprozess als konkretes berufliches Handeln seinen Ausdruck findet und beobachtet werden kann, das sich jedoch der sprachlichen Darstellung weitgehend entzieht.[40] Immer dann, wenn es um Aspekte des praktischen Wissens geht, kommt auch das implizite Wissen ins Spiel.

So kann sehr häufig eine Fähigkeit, die auf Geschicklichkeit beruht, zwar beobachtet und beschrieben, nicht jedoch als Ausdruck expliziten Wissens erklärt werden.

Handlungserklärendes Wissen (Know How) wird als das Wissen verstanden, über das Fachkräfte zur Erklärung einer beruflichen Arbeitssituation verfügen. Wenn z. B. ein Heizungsmonteur eine Störung in einer Heizungsanlage nicht nur beseitigen kann, sondern auch in der Lage ist, dem Kunden oder einem Auszubildenden die fachlichen Zusammenhänge der Störung und ihre Behebung einsichtig zu erklären, dann verfügt er nicht nur über handlungsleitendes, sondern auch über handlungserklärendes Wissen. Dies schließt die Fähigkeit des fachsprachlichen Umgangs mit der Arbeitssituation sowie die Anwendung – gegebenenfalls – mathematischer, diagrammatischer und medialer Veranschaulichungen

1 Meisterschaft und Meisterlehre

des zu Erklärenden ein. Schließt man sich der Interpretation an, dass diese Wissensform auch als prozedurales Wissen interpretiert wird und auf dem handlungsleitenden Wissen (Know that) aufbaut, dann lässt sich dieses Niveau des Arbeitsprozesswissens der Kategorie des Know-how zuordnen.[41]

Das *handlungsreflektierende Wissen (Know-Why)* reicht insofern über das handlungserklärende Wissen hinaus, als dieses Wissen dazu befähigt, die Frage nach dem „Warum so und nicht anders?" zu beantworten. Dieses Wissen befähigt dazu, zwischen alternativen Lösungsmöglichkeiten abzuwägen unter Berücksichtigung der für eine spezifische Situation relevanten Kriterien. Diese Wissensdimension begründet Gestaltungskompetenz. Darin eingeschlossen ist die Fähigkeit, berufliche Aufgaben und ihre Lösungen mit Kunden, Vorgesetzten und Arbeitskollegen zu kommunizieren, zu reflektieren und z. B. in der Schule im Rahmen von Projekten die Arbeitswirklichkeit auch zu transzendieren. So hatten z. B. die Auszubildenden einer Kfz-Mechatronikerklasse im Rahmen eines Modellversuchs die Aufgabe, einen alternativen TÜV zu entwickeln und zu erproben sowie den örtlichen TÜV-Experten zu präsentieren. Dieses Projekt setzt eine kritische Auseinandersetzung mit gesetzlich geregelten Anforderungen an den etablierten TÜV sowie die Begründung alternativer Standards und Überprüfungsverfahren voraus.

Arbeitsprozesswissen lässt sich veranschaulichen in der Form dreier konzentrischer Kreise (→ Abb. 14), von denen der innere das handlungsleitende und der äußere – mit der größeren Reichweite – das handlungsreflektierende Wissen repräsentieren. In welchem Grad diese drei aufeinander aufbauenden Niveaus der Wissensausprägung auch drei voneinander unabhängige Wissensdimensionen sind, kann nur empirisch geklärt werden.[42] Die verschiedenen Niveaus des Arbeitsprozesswissens stehen in enger Beziehung zu den Niveaus beruflicher Kompetenz.

1.4 Arbeit und Bildung

Abb. 14: Ausprägung multipler Kompetenzen repräsentiert durch die Niveaus handlungsleitenden, handlungserklärenden und handlungsreflektierenden Arbeitsprozesswissens

Multiple Kompetenz

Fachhistorisch gilt der Bezug zum „wirklichen Leben" als ein Schlüsselmerkmal des Kompetenzbegriffs.[43] Andreas GRUSCHKA hält in diesem Zusammenhang einen Kompetenzbegriff für notwendig, der nicht auf einzelne Handlungen enggeführt wird: *„Kompetenzen sind nicht an einen bestimmten Aufgabeninhalt und eine entsprechend enggeführte Anwendung gebunden, sondern erlauben vielfältige Entscheidungen. Das haben sie mit Bildung sicherlich gemeinsam, da sich diese in der Annahme und Lösung solcher offenen Situationen und Aufgaben bevorzugt als fortschreitende Bewegung des Subjektes aktualisiert."*[44]

Das Konzept der multiplen *Kompetenz* kann sich auf die Ergebnisse der Expertiseforschung und der berufswissenschaftlichen Qualifikationsforschung stützen, die den Nachweis erbracht haben, dass berufliche Kompetenzen domänenspezifisch ausgeprägt sind und vor allem, dass dem *berufsspezifischen praktischen Wissen* eine eigene Qualität zukommt.[45] Das praktische Wissen kann daher nicht durch eine Vereinfachung des wissenschaftlichen Wissens (didaktische Reduktion) oder als eine Form anwendungsbezogenen Fachwissens (applied knowledge) gewonnen werden (11).[46]

Die Nähe zu der von GARDNER begründeten Theorie der *multiplen Intelligenz* ist offensichtlich. Beide, die Wissens- und Kompetenzdebatte sowie die Abkehr vom Konzept der universellen Intelligenz, verweisen auf die Vielfalt menschlicher Fähigkeiten.[47]

Damit ist ein zweites wesentliches Merkmal multipler Kompetenz bestimmt. Die Kritik der modernen Intelligenzforschung am Konzept des eindimensionalen Intelligenzbegriffes ist vergleichbar mit der Kritik an einem reduktionistischen, auf die fachlich-funktionale Dimension eingeschränkten Begriff beruflicher Kompetenz.

Fazit: Mit multipler Kompetenz lassen sich zwei unterschiedliche Aspekte beruflicher Kompetenz hervorheben.

- Das Konzept der multiplen Intelligenz und ein darauf basierendes Modell multipler Kompetenz erlauben es, realitätsnah die durch die berufliche Arbeit einerseits und die den Individuen eigenen Intelligenzen andererseits gegebenen Potenziale der Kompetenzentwicklung hervorzuheben. Diese unterscheiden sich nicht nur von Individuum zu Individuum, sondern auch von Beruf zu Beruf sehr voneinander.
- Die acht Teilkompetenzen, die in ihrem Zusammenwirken die multiple Kompetenz begründen, heben mit ihren Bezeichnungen den zweiten Aspekt einer nach Kompetenzprofilen – und nicht nur nach Kompetenzniveaus – differenzierenden Theorie beruflicher Kompetenz hervor.

Berufliche Kompetenzentwicklung ist danach ein Prozess der Ausprägung beruflicher Fähigkeiten, die einerseits auf den individuellen Intelligenzpotenzialen sowie andererseits auf den Anforderungsstrukturen der holistischen Lösung beruflicher Aufgaben basiert.

1.5 Das COMET-Kompetenzmodell[48]

Als eine grundlegende Leitidee beruflicher Bildung wird *die vollständige Lösung beruflicher Aufgaben* als Anforderungsdimension in das dreidimensionale Kompetenzmodell aufgenommen (→ Abb. 15).

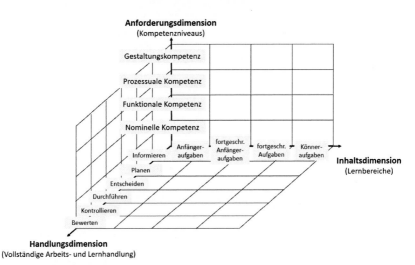

Abb. 15: COMET-Kompetenzmodell

Die Vollständigkeit einer Aufgabenlösung lässt sich mit acht Kriterien beschreiben. Diese acht Kriterien der vollständigen Aufgabenlösung repräsentieren acht berufliche Teilkompetenzen, mit denen die Ausprägung beruflicher Kompetenz von Fachkräften bzw. Auszubildenden und Studierenden erfasst und in der Form von Kompetenzprofilen repräsentiert werden kann. Die acht Teilkompetenzen lassen sich zugleich in der Form von drei aufeinander aufbauenden Kompetenzniveaus zusammenfassen (→ Abb. 16).[49]

Dabei wird zwischen den Kompetenzdimensionen (D_F, D_P, D_G) sowie den Niveaus (K_F, K_P, K_G) funktionaler, prozessualer und ganzheitlicher Gestaltungskompetenz unterschieden. Im Methodenhandbuch

1 Meisterschaft und Meisterlehre

COMET (MHB) werden die Formen des Messens und der Darstellung beruflicher Kompetenz ausführlich dargestellt.

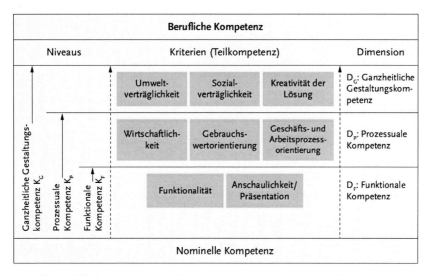

Abb. 16: Modell der Anforderungsdimension: Kompetenzniveaus, Teilkompetenzen, Kompetenzdimensionen

Die Darstellung der Testergebnisse als Kompetenzprofile eignet sich in besonderer Weise für das Feedback von Leistungsergebnissen an die Testteilnehmer und ihre Lehrer und Ausbilder. Anders als bei einer Punktzahl oder einer Note lässt sich aus den Kompetenzprofilen eine Vielzahl von Einsichten über den Erfolg einer Ausbildung für jeden einzelnen Testteilnehmer, die jeweilige Lerngruppe (zum Beispiel eine Klasse), eine Region oder auch als Nachweis der Ausbildungsqualität im internationalen Vergleich gewinnen.[50]

1.6 Kompetenzprofile und Berufsethik

K1 = Anschaulichkeit/Präsentation	14,9
K2 = Funktionalität	14,3
K3 = Gebrauchswertorientierung	12,7
K4 = Wirtschaftlichkeit	8,0
K5 = Arbeits- und Geschäftsprozessorientierung	12,6
K6 = Sozialverträglichkeit	6,4
K7 = Umweltverträglichkeit	7,8
K8 = Kreativität	12,8
D_F = Funktionale Kompetenz	14,6
D_P = Prozessuale Kompetenz	11,1
D_G = Ganzheitliche Gestaltungskompetenz	9,0

Abb. 17: Durchschnittliches Kompetenzprofil einer Testgruppe von Fachschulstudierenden (Typ „Berufliche Bildung"), n =27, GPW =34,7 (MHB, 368)

1.6 Kompetenzprofile und Berufsethik

Das reflektierte Abwägen zwischen den für die Lösung bzw. Bearbeitung einer beruflichen Aufgabe relevanten Kriterien ist immer verbunden mit *Wertentscheidungen*: Nachhaltigkeit, Funktionalität, Umwelt- und Sozialverträglichkeit müssen situationsbezogen gegeneinander abgewogen werden. Fachkräfte, die ihre Arbeitsaufgaben kompetent planen und ausführen, sind daher zwangsläufig eingebunden in das verantwortliche Ausbalancieren von Werten. Berufliche Kompetenz und berufliche Arbeitsethik bilden daher einen nicht auflösbaren Zusammenhang. Matthew CRAWFORD begründete anhand eines Beispiels aus seiner Motorradwerkstatt diese These: *„Das Kolbenklappern (bei einem Motorrad) kann sich tatsächlich nach zu großem Ventilspiel anhören, weshalb ein guter Mechaniker stets aufmerksam sein und die Möglichkeit im Auge haben muss, dass er der falschen Hypothese nachgeht. Dies ist eine ethische Tugend."*[51] Verallgemeinernd kommt er zu dem Schluss: *„Im Gegensatz zur Einschätzung der Kognitionspsychologen (oder besser gesagt: außerhalb des von ihnen definierten Geltungsbereiches ihrer Disziplin) scheint diese kognitive Kompetenz – über die eigene Denkweise nachzudenken – einer moralischen Eigenschaft zu entspringen"* (ebd., 131).

1 Meisterschaft und Meisterlehre

Das COMET-Kompetenzmodell und die auf dieser Grundlage erfassten Kompetenzprofile veranschaulichen, was diese Erkenntnis im Einzelnen bedeutet.
Die Berücksichtigung einer möglichst hohen Funktionalität und zugleich eines nicht minder hohen Gebrauchswertes bei der Aufgabenlösung – bei einem gegebenen Kostenrahmen – sowie die Einbeziehung der Regelungen für die Umwelt- und Sozialverträglichkeit – verweisen auf das komplexe Verantwortungsgefüge, *dem berufliche Fachkräfte nicht ausweichen können*. Dies schließt aufklärende Beratungen von Kunden bis hin zum Umgang mit Konflikten mit dem Auftraggeber ein, wenn Fachkräfte z. B. mit unrealistischen oder auch unverantwortlichen Anforderungen konfrontiert werden.
Die Berufsethik bildet sich mit der Entwicklung beruflicher Kompetenz und beruflicher Identität heraus und führt zu einem gewissen Spannungsverhältnis zwischen *beruflicher* und *betrieblicher* Identität. So kann berufliches Verantwortungsbewusstsein – als Ausdruck der Berufsethik – bei der Realisierung eines betrieblichen Auftrages in Widerspruch zu den betriebswirtschaftlichen Interessen des Unternehmens und damit auch zur eigenen betrieblichen Identität geraten. Berufliche Kompetenz auf dem Niveau des handlungsreflektierenden Wissens ist daher eine wesentliche Voraussetzung für das verantwortliche berufliche Handeln und damit für berufliche Gestaltungskompetenz.
Helmut HEID kritisiert in diesem Zusammenhang die Vermittlung abstrakter, betriebswirtschaftlich erwünschter, moralischer Werthaltungen – *losgelöst von den Inhalten der beruflichen Bildung*: Bei den „*personal- und qualifikatorischen Aussagen über die zunehmende Bedeutung moralischer Komponenten erwünschter Qualifikationen [...] überwiegen – sofern die Werte in herrschenden Debatten von ihren Inhalten ‚gereinigt' bzw. getrennt werden – Abstrakta wie Leistungsbereitschaft, Verantwortungsbewusstsein, Anpassungs-, Kritik- und Kooperationsfähigkeit und andere als einfache ‚Schlüsselqualifikationen' apostrophierte ‚Tugenden'*"[52]. *Reinigt* man die beim Lösen beruflicher Aufgaben zu berücksichtigenden Werte (wie Gebrauchswert, Umwelt-

und Sozialverträglichkeit), dann spaltet man berufliche Kompetenz in eine zweckfreie Fachkompetenz und eine von den realen Arbeitsprozessen abstrahierende moralische Bildung. Damit würde die berufliche Bildung ihr Ziel verfehlen, die Auszubildenden zur Mitgestaltung der Arbeitswelt zu befähigen. In der berufspädagogischen Diskussion und Forschung ist die Separierung in eine zweckfreie fachliche Kompetenzvermittlung und eine Vermittlung moralischer Kompetenzen und normativer Orientierungen weit verbreitet. Dies resultiert vor allem aus der inhaltlichen Orientierung der ökonomischen Bildung im Berufsfeld Wirtschaft und Verwaltung an den Wirtschaftswissenschaften – und nicht an den beruflichen Handlungs- und Lernfeldern.[53]

1.7 Fazit: Eine Methode zur Qualitätsentwicklung beruflicher Bildung

An den achtdimensionalen Kompetenzprofilen lässt sich ablesen, auf welchem Niveau die berufliche Kompetenz mit ihren Teilkompetenzen erreicht wird und über welches fachliche Problemlösungsmuster die Testteilnehmer verfügen. Das Fachverständnis (Problemlösungsmuster) findet seinen Ausdruck in den Kompetenzprofilen. Sie repräsentieren die Ausprägung der acht Teilkompetenzen und die Gewichtung der in diesen inkorporierten Werten. Die Kompetenzprofile sind daher auch ein Ausdruck der beruflichen Arbeitsethik, über die die Fachkräfte verfügen. Mit dem Variationskoeffizienten V lässt sich der Grad der Homogenität der beruflichen Kompetenz und der Ausprägung der Berufsethik quantifizieren. Damit steht der Kompetenzdiagnostik ein Instrument zur Verfügung, mit dem sich sehr genau und anschaulich überprüfen lässt, zu welchem Grade es in der Berufsausbildung gelingt, die Leitidee einer gestaltungsorientierten beruflichen Bildung umzusetzen. Die Überprüfung der Hypothese, dass mit zunehmendem Kompetenzniveau auch die Homogenität der Kompetenzprofile ansteigt, konnte empirisch bestätigt werden.

Der hohe Anteil der Auszubildenden und Fachschulstudierenden, der in zahlreichen COMET-Projekten lediglich das erste Kompetenzniveau (funktionale Kompetenz) erreicht hat oder gar der Risikogruppe (nominelle Kompetenz) zugerechnet werden muss, legt die Einführung der COMET-Kompetenzdiagnostik als einer effektiven Methode der Qualitätssicherung und Qualitätsentwicklung in der beruflichen Bildung nahe.

2 Wissenschaft und Bildung

Mit „Wissenschaft" kam ich das erste Mal mit einer überraschenden Heftigkeit am Beginn meines Ingenieurstudiums an der Ingenieurschule Gießen zum Sommersemester 1961 in Berührung – nach Beendigung meiner dreijährigen Ausbildung zum Elektroinstallateur in einem Meisterbetrieb. Man könnte vermuten, dass die damaligen Ingenieurschulen, aufbauend auf einer Lehre und der parallel in Abendkursen erworbenen Fachhochschulreife, irgendwie an den dabei erworbenen beruflichen Kompetenzen angeknüpft haben. Weit gefehlt.

Ich habe die erste Vorlesung unseres Mathematikdozenten (Amtsbezeichnung „Baurat") noch in sehr guter Erinnerung – alle folgenden sollten demselben Muster folgen. Bei seinem raschen Gang zur Tafel mit einem Stück Kreide in der Hand grüßte er mit *„Guten Morgen, meine Herren"* – Frauen gab es in unserer Semestergruppe keine –, *„schreiben Sie"*. Dann folgte eineinhalb Stunden ein dichtes und mehrfaches Beschreiben der sehr breiten Tafel, selten unterbrochen durch kurze ergänzende Erläuterungen. Schon bei den ersten Themen: Differenzialrechnung und Differenzialgleichungen sowie Einführung in die Welt der komplexen Zahlen, hatten wir Mühe mitzuschreiben und allergrößte Mühe dabei etwas zu verstehen.

Das zweite nachhaltige Erlebnis war die Vorlesung zu den Grundlagen der Elektrotechnik. Bis dahin hatte ich geglaubt, dass ich nach meiner Ausbildung zum Elektroinstallateur, dem Besuch der Berufsschule und der Berufsaufbauschule bereits einige Grundlagen über die Elektrotechnik gelernt hätte. In der Einführungsvorlesung erlebte ich dann mit einer geradezu dramatischen Ernüchterung, dass alles (!), was ich bisher über Elektrotechnik erfahren und gelernt hatte, mit dem, worum es nun bei den wissenschaftlichen Grundlagen der Elektrotechnik ging, nichts, aber auch gar nichts zu tun hatte. Die Vorlesung über die komplexen mathematischen und diagrammatischen Darlegungen zur Energie im elektromagnetischen Feld, die weitreichende Bedeutung der MAXWELL'schen Gleichungen sowie die Theorie quellenfreier Felder lösten bei mir zunächst große Zweifel darüber aus, ob dies etwas mit dem Beruf eines Elektroingenieurs zu tun hat (→ Abb. 18).[54]

> **2. Die Energie im elektromagnetischen Feld**
>
> **a) Die Energiegleichung**
>
> Die Maxwellschen Gleichungen ermöglichen es, wichtige Schlüsse über die Verteilung, die Umformung und die Fortpflanzung der Energie des elektromagnetischen Feldes im Raum zu ziehen. Zu diesem Zwecke bilden wir den Ausdruck
>
> $$-\text{div}\,[\mathfrak{E}\mathfrak{H}] = \mathfrak{E}\,\text{rot}\,\mathfrak{H} - \mathfrak{H}\,\text{rot}\,\mathfrak{E}. \qquad (1555)$$
>
> Wenn wir die erste Maxwellsche Gleichung mit $\mathfrak{E}$ multiplizieren, erhalten wir
>
> $$\mathfrak{E}\,\text{rot}\,\mathfrak{H} = \mathfrak{E}\mathfrak{G}_x + \mathfrak{E}\frac{\partial \mathfrak{D}}{\partial t}. \qquad (1556)$$
>
> Multiplizieren wir die zweite Maxwellsche Gleichung mit $\mathfrak{H}$, ergibt sich
>
> $$\mathfrak{H}\,\text{rot}\,\mathfrak{E} = -\mathfrak{H}\frac{\partial \mathfrak{B}}{\partial t}. \qquad (1557)$$
>
> Gehen wir nun mit Gl. 1556 und Gl. 1557 in Gl. 1555 ein, so finden wir
>
> $$-\text{div}\,[\mathfrak{E}\mathfrak{H}] = \mathfrak{E}\mathfrak{G}_x + \mathfrak{E}\frac{\partial \mathfrak{D}}{\partial t} + \mathfrak{H}\frac{\partial \mathfrak{B}}{\partial t}. \qquad (1558)$$
>
> Um den physikalischen Sinn dieser Gleichung zu erfassen, wollen wir sie über einen Raum V, der von der Hüllfläche A umschlossen ist, integrieren:
>
> $$-\int_V \text{div}\,[\mathfrak{E}\mathfrak{H}]\,dV = \int_V \mathfrak{E}\mathfrak{G}_x\,dV + \int_V \mathfrak{E}\frac{\partial \mathfrak{D}}{\partial t}\,dV + \int_V \mathfrak{H}\frac{\partial \mathfrak{B}}{\partial t}\,dV. \qquad (1559)$$

Abb. 18: Die Energie im elektromagnetischen Feld (PHILIPPOW *1959, 372 f.*

Natürlich hatte ich in meiner Berufsausbildung allerlei Erfahrungen im Umgang mit Wechselspannung gesammelt und gelernt, wie man induktive Widerstände berechnet. Das wissenschaftlich formulierte Ohm'sche Gesetz mutete mich jedoch an, als befände ich mich in einer völlig neuen und anderen Welt (→ Abb. 19).

> e) Das Ohmsche Gesetz in komplexer Form
>
> Das Verhältnis der komplexen Spannung zum komplexen Strom
>
> $$\mathfrak{Z} = \frac{\mathfrak{u}}{\mathfrak{i}} = \frac{U_m e^{j\omega t}}{\mathfrak{I}_m e^{j\omega t}} = \frac{U_m}{\mathfrak{I}_m} = \frac{\mathfrak{U}}{\mathfrak{I}} \qquad (1655)$$
>
> nennt man den komplexen Widerstand. Er stellt keine Zeitfunktion dar. Aus Gl. 1651 folgt im allgemeinen Fall
>
> $$\mathfrak{Z} = \frac{\mathfrak{U}}{\mathfrak{I}} = R + j\omega L + \frac{1}{j\omega C} = R + j\left(\omega L - \frac{1}{\omega C}\right) = R + jX. \quad (1656)$$

Abb. 19: Das Ohm'sche Gesetz in komplexer Form (ebd., 392)

Erst in der zweiten Hälfte des dreijährigen Studiums erlernten wir – unterstützt durch einschlägige Laborübungen –, wie man elektrische Maschinen dimensioniert, berechnet und konstruiert oder wie Beleuchtungsanlagen berechnet werden. Am Ende des Studiums wusste ich, dass ich erst in der Praxis den Beruf eines Elektroingenieurs erlernen müsste. Da ich mich dann jedoch für ein auf das Ingenieurstudium aufbauendes Lehramtsstudium für die berufliche Fachrichtung Elektrotechnik entschied, blieb mir diese Erfahrung erspart.

Obwohl sich seither die Ingenieurschulen zunächst zu Ingenieurakademien und dann zur Fachhochschulen entwickelten, bevor sie schließlich unter dem Dach eines einheitlichen Hochschulgesetzes zu Hochschulen umbenannt wurden und jetzt sogar um das Promotionsrecht ringen, zeigt sich eine paradoxe Situation. In der mehr als 50-jährigen Entwicklung der Fachhochschulen auf dem Weg zu *Universitäten für angewandte Wissenschaften* hat sich ein großer Teil der Fachhochschulen nicht auf den Weg einer fortschreitenden Verwissenschaftlichung ihrer Lehre und Forschung begeben, sondern ist – umgekehrt – dem Trend der Verberuflichung hochschulischer Bildung gefolgt.

2.1 Zum Selbstverständnis universitärer Wissenschaft

In Band 10 der zwölfbändigen von Dieter LENZEN herausgegebenen *Enzyklopädie Erziehungswissenschaft* kann man nachlesen, wie sich die hochschulische Bildung vor Inkrafttreten der Bologna-Vereinbarung selber sah. Jürgen KLÜVER beschäftigt sich mit dem Zusammenhang zwischen „*Hochschule und Wissenschaftssystem*"[55]. Diesen Beitrag hier zu zitieren, erlaubt es, die Veränderungen im System wissenschaftlicher Bildung in der Folge des Bologna-Prozesses in seiner Reichweite besser einschätzen zu können.

In seinem grundlegenden Beitrag stellt KLÜVER fest: „*Das Besondere der Hochschule gegenüber allen anderen Ausbildungsinstitutionen ist, dass es ihr fundamental um die Erzeugung und Vermittlung von Wissenschaft geht. [...] Die Ausbildungsfunktion der Hochschule tritt im klassischen Selbstverständnis der Universität – von den pädagogischen Hochschulen und den Fachhochschulen muss hier abgesehen werden – demgegenüber deutlich zurück und ist, von der objektiven Berechtigung dieses Selbstverständnisses einmal abgesehen, in ihrer spezifischen Ausprägung nur zu verstehen, wenn sie als weitgehend determiniert durch die jeweiligen Wissenschaftsdisziplinen begriffen wird*" (79). Hochschuldidaktik hätte daher nicht die Funktion, die wissenschaftliche Lehre an den Qualifikationsanforderungen des Beschäftigungssystems für hochschulisch Ausgebildete zu orientieren, sondern einzig und allein an der kritischen Analyse der Hochschulausbildung und der ihr zugrunde liegenden Wissenschaften sowie des Wissenschaftssystems. Daher sei die treffende Bezeichnung für die Hochschuldidaktik auch „*Wissenschaftsdidaktik*". Zum traditionell etablierten Grundsatz der Einheit von Forschung und Lehre führt KLÜVER aus, dass die Hochschulausbildung als Teil des Wissenschaftssystems von vielen an der Hochschule Lehrenden die primäre Aufgabe in der Wissenschaftsproduktion und -erhaltung betrachtet werde (79).

Der Zusammenhang zwischen Wissenschaftlichkeit und Fachsystematik gilt seit jeher als problematisch, da die im Wissenschaftssys-

2.1 Zum Selbstverständnis universitärer Wissenschaft

tem angelegte zunehmende Ausdifferenzierung der Fachwissenschaften wissenschaftliche Erkenntnisse zu immer spezifischen Fragestellungen produziert. Da die gesellschaftliche Entwicklung andererseits verstärkt darauf angewiesen ist, komplexe Entwicklungszusammenhänge unter technischen, ökonomischen, sozialen und ökologischen Gesichtspunkten zu untersuchen, zu verstehen und zu gestalten, ist die hochschulische Bildung herausgefordert, Zusammenhangsverständnis zu vermitteln (→ 4.3). Ludwig HUBER formuliert in seinem Beitrag „*Hochschuldidaktik als Theorie und Bildung und Ausbildung*"[56] dazu eine kritische These: „*Nachdem die Einheit der Wissenschaft ‚zerfallen' ist, dominieren, häufig genug beklagt, die Einzelwissenschaften, die Spezialisierung, es droht das ‚Fachidiotentum'. Ein hilfloser und historisch gescheiterter Korrekturversuch zur anderen Seite war es, [...] ein Studium Generale oder ein philosophisches Grundstudium daneben setzen zu wollen*" (128). Die Philosophie, die einmal als die Brücke zwischen den wissenschaftlichen Disziplinen gedacht war, hat diese Bedeutung längst verloren. Als einen neuen Anlauf kann der Förderschwerpunkt der Exzellenzcluster angesehen werden, der im Rahmen der Exzellenzinitiative ganz offensichtlich an Bedeutung gewonnen hat. Bei dieser die fachliche oder disziplinäre Definition von Problemlagen überschreitenden Forschung wird häufig und zunehmend auf das forschungsorganisatorische Prinzip der Transdisziplinarität[57] verwiesen. In der methodologischen Diskussion besteht Einigkeit darüber, dass es sich dabei nicht um eine neue Methodologie handelt, sondern um eine Organisationsform der Forschung, die im Kontext der jeweiligen Projekte entwickelt werden muss. Die zu untersuchenden und zu lösenden Probleme geben mit ihrer jeweiligen Komplexität die Maßstäbe vor, nach denen sich Wissenschaften mit ihren Fächern am jeweiligen Erkenntnis-, Lösungs- und Gestaltungsprozess beteiligen können. Praktische Transdisziplinarität[58] ist bei außerwissenschaftlichen Problemlagen gefordert, auch das Zusammenhangswissen und -verständnis zu erforschen. Dies hat vor allem Konsequenzen für die Organisation der Forschung. So kommt es zum Beispiel bei der Realisierung eines über die Grenzen der bishe-

2 Wissenschaft und Bildung

rigen Architektur und Bautechnik hinausreichenden Bauwerkes darauf an, ein kluges Zusammenspiel zwischen Architekten-, Ingenieur- und Baustellenkompetenz und das darin inkorporierte wissenschaftliche und praktische Wissen zu organisieren. Und natürlich geht es darüber hinaus auch um die Berücksichtigung städtebaulicher, ökologischer und ökonomischer Fragestellungen, von denen die künftigen Nutzer des Gebäudes mit ihren Interessen und Kompetenzen betroffen sind. Transdisziplinarität ist als ein Forschungsprinzip immer dann erforderlich, wo die inhaltlichen und methodischen Anforderungen über die Begrenzungen der Wissenschaftsdisziplinen hinausreichen. Transdisziplinarität ist daher auch keine wissenschaftliche Methode, noch ersetzt sie die wissenschaftlichen Disziplinen. Sie überwindet allerdings häufig deren enge Erkenntnisgrenzen, die oft durch eine zu weitreichende Spezialisierung entstanden sind. Jürgen MITTELSTRASS fasst seine Überlegungen zur Transdisziplinarität so zusammen: *„Transdisziplinarität hebt innerhalb eines historischen Konstitutionszusammenhanges der Fächer und Disziplinen erstens Engführungen auf, wo diese ihre historische Erinnerung verloren und ihre problemlösenden Kraft über allzu große Spezialisierung eingebüßt haben, aber sie führt nicht in einen neuen fachlichen oder disziplinären Zusammenhang. Deshalb kann sie auch die Fächer und Disziplinen nicht ersetzen. Sie ist zweitens ein wissenschaftliches Arbeits- und Organisationsprinzip, das problemorientiert über Fächer und über Disziplinen hinausgreift [. . .].*"

Es ist bemerkenswert, dass Jürgen KLÜVER bei seiner Darlegung auf die Kritik des Zusammenhangs zwischen Wissenschaftlichkeit und zunehmender Ausdifferenzierung der Wissenschaftsdisziplinen nicht eingeht. Die Wissenschaftlichkeit der Hochschulausbildung sieht er darin, *„dass sie in eine Wissenschaftsdisziplin einführt, die Absolventen also prinzipiell dazu befähigen soll, am eigentlichen Forschungsprozess zumindest rezeptiv, möglichst aber aktiv teilzunehmen. Hierzu wird der Student in die wichtigsten Teilgebiete, Grundbegriffe, Verfahrensweisen, Theorien und gesicherten Ergebnisse dieser Disziplin eingewiesen"* (84). Die Bedeutung der Wissenschaft für die gesellschaftliche Entwicklung greift KLÜVER unter dem Aspekt der *Spekulationen über eine Sinnkrise der Wissenschaft* auf. Darunter werde in der wissenschaftskritischen Diskussion subsumiert: *„die zerstörerische Wirkung wissenschaftlicher Produkte und Erkenntnisse, das faktische Monopol des institutionalisierten Wissenschaftssystems für die Erzeugung von Wissen sowie die Abkehr von der Überzeugung, Wissenschaft wäre prinzipiell in der Lage, die relevanten gesellschaftlichen Probleme (langfristig) zu lösen"* (ebd., 89). In diesen Diskussionen, so KLÜVER, gehe es *„fundamental um die Frage, von wem unter welchen Bedingungen für wen unter welchen Verwendungsbedingungen Wissen erzeugt wird. Die ‚Krise' der Wissenschaft und der Ausbildung verweist letztlich auf die klassische Frage nach der Verfügung über Wissenschaft – nicht nur ihrer Produkte, sondern bereits ihre Erzeugungsbedingungen und Rekrutierungsmöglichkeiten"*. Dieser Diskussion könne man auch als Wissenschaftler nicht mehr ausweichen (ebd., 89).

2.2 Fachwissenschaft als eine Leitidee beruflicher Bildung

Es ist noch nicht allzu lange her, dass in der beruflichen Bildung in Deutschland zwischen *beruflichem* und *fachlichem* Wissen unterschieden wird. Genau genommen geht diese Differenzierung zurück auf die Vereinbarung der KMK von 1996 zur Einführung der nach Lernfeldern strukturierten Rahmenlehrpläne. Seither sollen die für einen Beruf *„bedeutsamen Arbeitssituationen"* der zentrale Bezugspunkt für die Curriculumentwicklung sein.[59] Die Bedeutsamkeit einer Arbeitssituation ergibt sich aus ihrem Potenzial für die berufliche Kompetenzentwicklung. In der KMK-Vereinbarung von 1991 über *Gestaltungskompetenz* als der neuen Leitidee für die berufliche Bildung ist der *Perspektivwechsel von einem fachwissenschaftlich* begründeten zu einem an der beruflichen *Kompetenzentwicklung* orientierten Curriculum angelegt. Erst mit der 1996 veröffentlichten Handreichung für die Erarbeitung von Rahmenlehrplänen verfügt die Berufsbildungsplanung und die Berufsbildungspraxis über eine Anleitung, mit der es gelingen soll, die neue Leitidee in die Berufsbildungspraxis zu übersetzen. Erst wenn man sich vergegenwärtigt, wie tief die bis dahin etablierte fachsystematische Tradition das Lernen in den berufsbildenden Schulen geprägt hat, kann man ermessen, dass die neue verordnete Praxis eine geradezu revolutionäre Qualität für die berufliche Bildung bedeutet. Was unterschätzt wurde, war die Erkenntnis, dass sich tief im Denken und Handeln der Lehrkräfte sowie in den Strukturen des Berufsbildungssystems verankerte Bildungstraditionen nicht durch Verordnungen und Handreichungen verändern lassen.

Das Prinzip der Fachsystematik wurde in der beruflichen Bildung auf die Spitze getrieben durch zwei große Reformprojekte: (1) den Versuch, die berufliche und die gymnasiale Bildung der Sekundarstufe II in einer integrierten Kollegschule zusammenzuführen[60] und (2) die vom Deutschen Bildungsrat begründete Durchlässigkeit zwischen der beruflichen und der hochschulischen Bildung durch eine wissenschaftsorientierte berufliche Bildung[61] zu erhöhen. Am Beispiel einer „*Orientierungshilfe für eine zeitgemäße Grundbildung im Berufsfeld Elektrotechnik*"[62] lässt sich zeigen, wie im Kollegschulprojekt NRW das fachwissenschaftliche Wissen für die berufliche Grundbildung transformiert werden sollte. Von den Autoren wird (quasi mit erhobenem Zeigefinger) einleitend darauf verwiesen, *dass nur die Wissenschaft über das wahre Wissen verfüge. Und daher sei sie der einzig legitime Bezugspunkt für eine moderne Berufsbildung und eine integrierte Kollegschule.*

Beispiel: *Worum sich alles dreht: die fundamentalen Konzepte der Fachwissenschaft Elektrotechnik*

„Die Maxwell'sche Theorie stellt für die Elektrotechnik (und auch für die Physik) eine Fundamentaltheorie dar, aus der sich praktisch alle grundlegenden Verfahren, Techniken, Formeln usw. sowohl für die Energietechnik als auch die Nachrichtentechnik direkt ableiten lassen" (ebd., 39).

Mit einem fachsystematischen Curriculum konnte (scheinbar) ein weiteres Problem gelöst werden, die fachwissenschaftliche Ausbildung für das Lehramt an berufsbildenden Schulen. Dieser Weg war bereits vorher

2.3 Das Fachstudium beruflicher Lehrkräfte

> Die MAXWELLschen Gleichungen lauten (in differentieller Schreibweise für den leeren Raum):
>
> | | | |
> |---|---|---|
> | (1) | div $\vec{E}$ | $= \varrho/\varepsilon_o$ |
> | (2) | div $\vec{B}$ | $= 0$ |
> | (3) | rot $\vec{E}$ | $= - \partial \vec{B}/\partial t$ |
> | (4) | rot $\vec{B}$ | $= \mu_o \vec{j} + \varepsilon_o \mu_o \partial \vec{E}/\partial t$ |
> | | Wirkung | Ursache |
>
> Hinweise: — ϱ : Ladungsdichte
> ε_o : elektrische Feldkonstante (Dielektrizitätskonstante)
> μ_o : magnetische Feldkonstante (Permeabilität) des leeren Raumes
> $\vec{j}$: Stromdichte

Abb. 20: Die MAXWELL*'schen Gleichungen in differentieller Schreibweise für den leeren Raum (*KARRENBERG, SCHERERZ *1980, 70)*

von der KMK grundlegend korrigiert worden. Sie hatte 1973 erstmalig die Hauptfächer für das Universitätsstudium der Lehramtsstudenten *berufliche Fachrichtungen* (LbF) festgelegt. Diese Fächer lehnten sich in ihrer Struktur an die für die Anrechnungsverordnung des Berufsgrundbildungsjahres festgelegten Berufsfelder an (Tab. 1).

2.3 Das Fachstudium beruflicher Lehrkräfte

Aus den beruflichen Fachrichtungen, die mit der Verlagerung der Berufsschullehrerausbildung an die Universitäten Ende der 1960er Jahre als eigenständige auf die beruflichen Arbeitsprozesse ausgerichteten Fächer gedacht waren, wurde in der Ausbildungspraxis der Universitäten meist ein Studium in den *korrespondierenden etablierten Wissenschaften*. Mit dieser Praxis haben die meisten der an der Ausbildung von Lehrern für das Lehramt an berufsbildenden Schulen beteiligten Universitäten versucht, die Berufung neuer Professuren für die 13 bis 16 neuen berufswissenschaftlichen Fächer zu umgehen. Die wissenschaftliche Auseinandersetzung um diese für das Lehramt an berufsbildenden Schulen zentralen Fächer hält seit der Einrichtung dieser universitären Studiengänge an.[63]

Tab. 1: Berufliche Fachrichtungen in der Lehrerbildung nach den Rahmenvereinbarungen der KMK vom 12.05.1995 und 05.10.1973

1973		1995	
1.	Wirtschaftswissenschaft	1.	Wirtschaft und Verwaltung
2.	Verwaltungswissenschaft	2.	Metalltechnik
3.	Metalltechnik	3.	Elektrotechnik
4.	Elektrotechnik	4.	Bautechnik
5.	Bautechnik	5.	Holztechnik
6.	Textil- und Bekleidungstechnik	6.	Textiltechnik und Bekleidung
7.	Chemietechnik	7.	Chemie, Physik u. Biologie (Verfahrenstechnik)
8.	Grafische Technik	8.	Drucktechnik
9.	Gestaltungstechnik	9.	Farbtechnik und Raumgestaltung
10.	Biotechnik	10.	Gestaltungstechnik
11.	Ernährung und Hauswirtschaft	11.	Körperpflege
12.	Land- und Gartenbauwissenschaft	12.	Gesundheit
13.	Sozialwissenschaft	13.	Ernährung und Hauswirtschaft
		14.	Agrarwirtschaft
		15.	Sozialpädagogik
		16.	Pflege

2.3 Das Fachstudium beruflicher Lehrkräfte

Tab. 2: Vorschlag einer neuen Fachrichtungsstruktur[64]

Vorschlag für die neue Fachrichtungsstruktur	
Berufliche Fachrichtungen Berufs(feld)wissenschaften	**mit den Schwerpunkten**
1. Wirtschaft und Verwaltung	– Güterproduktion/-distribution – personenbezogene Dienstleistungen – Verwaltung, Banken, Versicherungen – Verkehr, Logistik, Tourismus
2. Metalltechnik	– Produktionstechnik – Konstruktionstechnik – Versorgungstechnik/Umwelttechnik – Fahrzeugtechnik
3. Elektro-/Informationstechnik	– Produktionssystemtechnik – Haussystemtechnik – Informations- und Kommunikationstechnik – Medientechnik
4. Bautechnik	– Bautechnik (Hochbau) – Bautechnik (Tiefbau) – Holz- und Kunststofftechnik – Oberflächen- und Farbtechnik
5. Verfahrenstechnik	– chemische Prozesse (Chemotechnik) – physikalische Prozesse – biologische Prozesse
6. Gesundheit/Pflege	– Gesundheit – Pflege – Körperpflege
7. Erziehung/Sozialpädagogik	– Vorschulpädagogik – schulbegleitende Pädagogik – Heim- und Freizeitpädagogik
8. Ernährung	– Agrarwirtschaft – Lebensmittelerzeugung – Hauswirtschaft – Gastronomie
9. Gestaltung	– textiles Gestalten – Mediengestaltung – Raum- und Farbgestaltung – Druck

Die viel zu niedrige Auslastung dieser Studiengänge und der seit Jahrzehnten beklagte Mangel an einschlägig hochschulisch ausgebildeten Lehrern beruflicher Fachrichtungen (LbF) ist auch eine Folge dieser Auseinandersetzungen. Sie ist der Attraktivität dieser Studiengänge nicht gut bekommen. Die zu wenigen in diesen Studiengängen ausgebildeten Lehrer, hatten/haben nur an wenigen Studienorten die Möglichkeit, die neuen beruflichen Wissenschaften in der Form des forschenden Lernens in den Prozessen der Entwicklung der neuen Wissenschaften zu studieren.

2.4 Experimentieren zwischen Fachwissenschaft und beruflicher Praxis

Als ein zentrales Element der beruflichen Bildung gilt das *handlungsorientierte Lernen*. Dafür werden vor allem in den gewerblich-technischen Fachrichtungen Fachräume eingerichtet. Die Wirksamkeit dieser Lernform ist unstrittig. Problematisch wird diese Lernform dann, wenn die Einrichtungen der Fachräume ausgerichtet sind an einem experimentellen Lernen, dessen Ziel es ist, lediglich die grundlegenden fachsystematischen und physikalischen Gesetzmäßigkeiten experimentell aufzuklären. Die experimentierende Auseinandersetzung mit arbeitsprozess- und anwendungsbezogenen Fragestellungen und entsprechenden Gestaltungsaufgaben wurde vernachlässigt.

Einen kräftigen Impuls erhielt das experimentierende Lernen durch das vom Bundesinstitut für Berufsbildungsforschung (BBF, dem späteren BIBB) unter Beteiligung von 56 beruflichen Schulen aller Bundesländer durchgeführte Projekt „*Mehrmediensystem Elektrotechnik/Elektronik (MME)*.[65] Neben einem Lehrbaukasten Elektronik fand ein Prüfstand für das Experimentieren mit elektrischen Maschinen eine besondere Beachtung (→ Abb. 21).

In jedem Klassenraum, der mit Drehstromsteckdosen versehen ist, kann seither mit allen Formen elektrischer Maschinen experimentiert

2.4 Experimentieren zwischen Fachwissenschaft und beruflicher Praxis

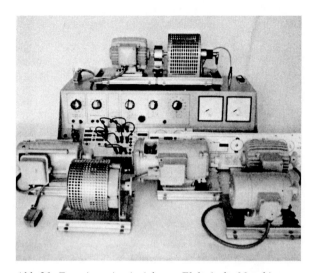

Abb. 21: Experimentiereinrichtung Elektrische Maschinen (Bundesinstitut für Berufsbildungsforschung 1977, 7)

werden. Bis heute gehört diese Experimentiereinrichtungen zu den Standardausrüstungen einschlägiger Fachräume des Berufsfeldes Elektrotechnik.

Das didaktische Konzept basiert auf Schülerexperimenten, anhand derer das charakteristische Verhalten elektrischer Maschinen experimentell untersucht werden kann, um die vorab erläuterten theoretischen Zusammenhänge über die Funktionsweise und das Verhalten elektrischer Maschinen (zum Beispiel das Drehzahl-Drehmomentverhalten) zu bestätigen.

Eine Gruppe von Lehramtsstudenten der Universität Hamburg unter Leitung von Professor Detlef GRONWALD hatte uns (die Projektgruppe MME) angeboten, ein Anwendungsbeispiel zu erproben. Mithilfe der Motoren der Experimentiereinrichtungen wurde eine Durchflussmengenregelung entwickelt und erprobt. Dieses Experiment fiel nicht nur im wahrsten Sinne des Wortes aus dem vorgegebenen fachdidaktischen und technischen Rahmen, sondern stellte implizit den bis dahin als sehr erfolgreich geltenden neuen Motor-Experimentiersatz grundlegend in Frage. Um das neue Experiment durchführen zu können, mussten umfangreiche Umbaumaßnahmen vorgenommen werden, um die Experimentiereinrichtung für einen *konkreten und praktischen Anwendungsfall* nutzen zu können. Es ging also um die Frage, welche Vor- und Nachteile die unterschiedlichen Motoren der Experimentiereinrichtungen für den spezifischen Anwendungsfall haben. Für solche anwendungsbezogenen Experimente war diese Experimentiereinrichtung nicht vorgesehen. Es ging GRONWALD und seiner Studentengruppe nicht in erster Linie um die kritische Analyse dieser Experimentiereinrichtungen, sondern in der Hauptsache um einen Umbau, *„sodass man mit eurem Maschinensatz auch etwas Vernünftiges anfangen kann"*[66]. „Vernünftig" sollte heißen, dass authentische Situationen aus der Arbeitswelt – wie die Anwendung eines Elektromotors für die Lösung eines konkreten Antriebsproblems – untersucht und gelöst werden können. Die Erfahrungen mit diesem Projekt markieren eine Wende in der fachdidaktischen Diskussion über das experimentierende Lernen in der beruflichen Bildung.[67]

Dieses Beispiel repräsentiert zugleich eine große Breite von Fachraumausstattungen, die bis heute das handlungsorientierte Lernen an berufsbildenden Schulen prägt. Positiv ist an der Einführung des experimentierenden Lernens in diesen Fachräumen, dass der fachtheoretische (wissenschaftsorientierte) Unterricht eine höhere Qualität erreicht. Problematisch ist die bereits von Detlef GRONWALD anhand der Experimentiereinrichtungen elektrischer Maschinen erkannte Schwäche, dass mit dieser Form der Fachraumausstattung das fachsystematische Lernen geradezu zementiert wurde.

Als die Bezugspunkte für die an beruflichen Handlungs- und Lernfeldern orientierte Lehrplanentwicklung wurden später von der KMK (1996) die (für die Kompetenzentwicklung) *„bedeutsamen Arbeitssituationen"* in der einschlägigen Handreichung hervorgehoben. Ein Hinweis darauf, dass die Einführung der an Lernfeldern orientierten Rahmenlehrpläne auch Konsequenzen für die Ausstattung der Fachräume haben müsste, enthält diese Handreichung nicht.

2.5 Auszubildende bewerten ihre Lehrer

Befragt man Auszubildende nach der Kompetenz ihrer Lehrer, dann zeigt sich regelmäßig, dass Auszubildende und Fachschulstudierende zwischen der *beruflichen* und der *fachlichen* Kompetenz ihrer Lehrer unterscheiden. Bei der Aussage: *„Unsere Lehrer haben einen guten Überblick über die betriebliche Realität"* stimmen bei den Industrieberufen Elektroniker für Betriebstechnik und Industriemechaniker nur 28 % bzw. 38 % zu (→ Abb. 23).

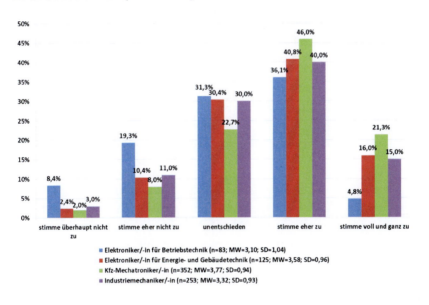

Abb. 22: *„Unsere Lehrer kennen sich im Fach wirklich gut aus."* (114)

Fragt man dagegen nach der *Fach*kompetenz der Lehrer, dann ist der Anteil der Befragten, die ihren Lehrern eine hohe Fachkompetenz bescheinigen, deutlich höher (→ Abb. 22).

Bei der Bewertung des Unterrichts zeigt sich, dass die Urteile der Auszubildenden der Industrieberufe ungünstiger ausfallen als die der Auszubildenden aus Handwerksberufen. Nur 16,2 % der Industrieme-

2 Wissenschaft und Bildung

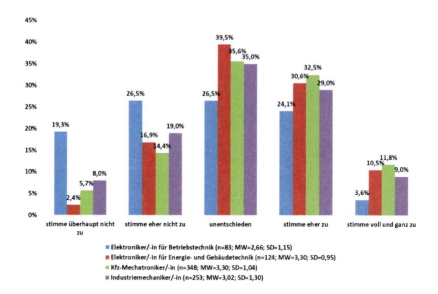

Abb. 23: „Unsere Lehrer haben einen guten Überblick über die betriebliche Realität."(114)

chaniker-(IM) und 24,1 % der Elektroniker für Betriebstechnik (EB)-Auszubildenden stimmen der Aussage zu „*Der Berufsschulunterricht hilft mir, die Aufgaben und Probleme der betrieblichen Arbeit zu lösen*".

Diese Ergebnisse können auch als eine Kritik an dem nach wie vor fachsystematisch ausgerichteten Unterricht interpretiert werden.

2.6 Fazit: Fachwissenschaft versus berufliches Fachwissen

Fachwissenschaftliche Bildung ist nicht nur ein charakteristisches Merkmal hochschulischer Bildung, sondern „Wissenschaftsorientierung" wurde vom Deutschen Bildungsrat als ein zentrales didaktisches Kriterium für jegliche Bildung begründet. In der Bildungspolitik fand dies seinen Niederschlag in dem Versuch, in der Sekundarstufe II die berufliche und die gymnasiale Bildung als Kollegschule zu integrieren.

2.6 Fazit: Fachwissenschaft versus berufliches Fachwissen

Durchgängig trug die Leitidee der Wissenschaftsorientierung jeglicher Bildung dazu bei, einen fachsystematisch ausgerichteten Unterricht an den berufsbildenden Schulen zu etablieren. Dies führte schließlich zu einem Widerspruch zwischen der Etablierung der beruflichen Fachrichtungen als eigenständige berufsfeldbezogene Studienfächer für die Ausbildung von Lehrern beruflicher Fachrichtungen. Erst mit der Einführung der nach Lernfeldern zu strukturierenden Rahmenlehrpläne wurde ein grundlegender Perspektivwechsel in der beruflichen Bildung eingeleitet (→ 1.4–1.7).

3 Akademisierung der beruflichen und Verberuflichung der akademischen Bildung

„Academic Drift" war 1998, als wir diesen Ausdruck für die Akademisierung der beruflichen Bildung in einem Gutachten zum Reformbedarf in der beruflichen Bildung aufgriffen, in Deutschland noch ein so gut wie unbekanntes Phänomen.[69] Das änderte sich sehr mit dem Bologna-Prozess. 29 europäische Bildungs- bzw. Wissenschaftsminister verständigten sich 1999 auf eine europäische Harmonisierung von Studiengängen und Studienabschlüssen nach dem anglo-amerikanischen Modell der zweiphasigen Ausbildung in Bachelor- und Masterstudiengängen. Für die kontinentaleuropäische Tradition einphasiger Diplom- und Magisterstudiengänge war dies insofern eine radikale Kursänderung, als die traditionelle Tradition des forschenden Lernens und eine auf die Entwicklung der Wissenschaft ausgerichtete hochschulische Bildung hochschulpolitisch aufgegeben wurde. An seine Stelle trat die neue Leitidee „Employability", eine auf die Beschäftigungsfähigkeit am Arbeitsmarkt zielende Ausrichtung der Studiengänge. Dieter LENZEN, Rektor der Universität Hamburg und prominentes Mitglied im Präsidium der Hochschulrektorenkonferenz, fasste seine Einschätzung in einem Kommentar der „Welt" pointiert zusammen: *„Bologna zerstört unsere Bildung. Durch die Abschaffung des klassischen einphasigen Studiums, das in Deutschland und anderen kontinentaleuropäischen Ländern mit einem Diplom, Lizenziat, Magister oder einem Staatsexamen endete, wurde durch ein zweiphasiges Bachelor-Master-System nach anglo- amerikanischem Vorbild der Bildungsauftrag der Universität und damit das kontinentaleuropäische Konzept zerstört."*[70]

Mit der Leitidee der *„Beschäftigungsfähigkeit"* orientiert sich die politisch-programmatische Ausrichtung der Bologna-Vereinbarung an einem Verständnis hochschulischer Bildung, die nicht nur einen radikalen Bruch der kontinentaleuropäischen Wissenschafts- und Universitätstradition bedeutet, sondern die ebenso deutlich hinter die Leitidee der modernen Berufsbildung zurückfällt.

In den USA hatte sich diese Form des Studiums bereits in der ersten Hälfte des 20. Jahrhunderts entwickelt. Norton GRUBB und Marien LAZERSON kritisieren diesen Trend als Ausdruck eines neuen Glaubensbekenntnisses: „*We call this ritual the Educational Gospel because it has become an article of faith, rather than inviting questions about its empirical assumption.*"[71] Die Verberuflichung hochschulischer Bildung an den Universitäten der USA ist auch ein Reflex auf die Schwächen der beruflichen Bildung (dem Vocational Track) an den Highschools, deren Schwäche auf die Stigmatisierung dieser Form beruflicher Bildung zurückgeführt wird. Die Bezeichnung „professional" anstatt „vocational" für die hochschulische berufliche Bildung in den USA war der Versuch, die Stigmatisierung der beruflichen Bildung an Hochschulen zu vermeiden.

Die Auswirkungen der Verberuflichung hochschulischer Bildung auf die ökonomische Entwicklung der USA und die Einkommensverteilung werden als dramatisch beschrieben. Nicholas WYMAN hat die einschlägigen statistischen Daten ausgewertet und kommt zu dem Schluss, dass sich das heutige Niveau (2015) der Arbeitslosigkeit und der unterwertig Beschäftigten auf einem Rekordniveau befinde: „*Today around thirteen million Americans, some with college degrees, are unemployed or have given up trying to find work.*"[72] Zugleich hat ca. ein Viertel der Unternehmen Schwierigkeiten beruflich qualifizierte Fachkräfte zu finden. Die Arbeitslosenrate der College-Absolventen unter 25 Jahren liegt bei 8,2 %, der Anteil der unterwertig Beschäftigten der 22 bis 27-Jährigen bei 44 % und 40 % der Bachelor-Studenten „*failed to complete the BA after six (!) years*" (8). Zugleich besteht seit Jahren eine große Lücke auf Facharbeiterebene (middle-skills gap). Kein Wunder, denn eine duale Berufsausbildung absolvieren in den USA lediglich 0,5 % der Highschool-Absolventen. Auch dies trägt zur hohen Jugendarbeitslosigkeit von 14,4 % (2015) bei.

3 Akademisierung der beruflichen und Verberuflichung der akademischen Bildung

Die von den USA geerbte Tradition des *„vocationalism in higher education"* bedeutet für die Verberuflichung hochschulischer Bildung in der EU, dass diese hinter das Ziel der modernen Berufsbildung mit seiner Leitidee der Gestaltungskompetenz zurückfällt. Berufliche Bildung setzt Berufe mit einem hohen Identifikationspotenzial voraus. Diese sind eine Voraussetzung für die Entwicklung beruflicher Identität und beruflicher Kompetenz. Berufliche Identität ist nicht nur ein die Persönlichkeitsentwicklung prägendes Potenzial, sie trägt ganz entscheidend auch zur Entfaltung beruflichen Engagements und einer beruflichen Arbeitsethik bei. Die Kategorie der *Beschäftigungsfähigkeit (Employability)* wird dagegen im Kontext der marktradikalen Strategie der Flexibilisierung des Arbeitsmarktes durch die Einführung modularer Zertifizierungssysteme als ein zentrales Element der Ablösung von Berufe durch eine modulare Struktur von „Qualifications" als dem Bezugspunkt für die Qualifizierung von Fachkräften betrachtet.

Für die Entwicklung eines europäischen hochschulischen Bildungsraumes, der sich auf berufsqualifizierende Studiengänge stützen soll, ergibt sich das Problem, dass im Hochschulrecht der europäischen Länder die Autonomie der einzelnen Hochschulen verankert ist und die Tradition aufrechterhalten wird, dass die Hochschulen – jede für sich – über die Ausgestaltung ihrer (wissenschaftlichen) Lehre und Forschung entscheiden können. Die Freiheit der Wissenschaft nehmen auch die vielen Hochschulen in Anspruch, die weder an der Pflege und Entwicklung der Wissenschaft noch an der Entwicklung der modernen Berufsbildung teilnehmen. Letzteres ist schon deshalb nicht möglich, da eine professionelle berufsqualifizierende Berufsausbildung an Hochschulen die Entwicklung moderner Berufsbilder für Führungskräfte voraussetzen würde. Dazu aber bedürfte es einer Regelung, wie sie das Berufsbildungsgesetz für die Entwicklung von Ausbildungsberufen vorsieht, sowie darüber hinaus einer Berufsbildungsforschung, die die Qualität der Berufsentwicklung stützen würde. Die Employability-Programmatik sieht bewusst von diesen Zielen als einem Element der Qualitätsentwicklung in der hochschulischen beruflichen Bildung ab, mit der Konsequenz, dass sich mittlerweile in Deutschland ein Konglomerat von über 1.000 überwiegend tätigkeitsbezogenen Studiengängen entwickelt hat. Und diese genügen längst nicht mehr dem Anspruch einer berufsqualifizierenden Bildung.

Dass dies bereits das Ende der Auflösung solider Studiengangsstrukturen ist, darf bezweifelt werden. An der Entwicklung hochschulischer Ausbildungsstrukturen in den USA lässt sich ablesen, wie die Fragmentierung der hochschulischen Ausbildung fortschreitet. Unterhalb der Ebene der Bachelorstudiengänge hat sich als ein neues Element des Hochschulstudiums das „*Some-College-Studium*" herausgebildet. Die Studenten können sich die Teilnahme an mehrwöchigen Kursen in einer großen Breite von Angeboten zertifizieren lassen. So hatte zum Beispiel die Universität Utah (2014) Kurse für „*house and gardening*", „*marriage arragement*" und unter der Rubrik Naturwissenschaft (z. B.) den Kurs „*Colorado excursion*" (mit Vor- und Nachbereitung) im Programm.

Da die USA über kein entwickeltes berufliches Bildungssystem verfügen, wundert es nicht, dass in der Tradition des amerikanischen Pragmatismus in einem ersten Schritt berufliche Bildungsgänge zunächst auf Bachelorniveau entwickelt wurde, um dann in einem zweiten Schritt das Some-College-Studium zu etablieren. Zugleich hat die extrem heterogene Hochschullandschaft der USA die weltbekannten Spitzenuniversitäten hervorgebracht, die die internationalen Ratings anführen.

In Deutschland hat die Academic Drift – die Akademisierung der Bildung – einen großen Schub erhalten durch die Einführung der Berufsakademien sowie der dualen Studiengänge – in der Regel als Bachelorstudiengänge an den ehemaligen Fachhochschulen.

3.1 Berufsakademien – ein Impuls zur Akademisierung der beruflichen Bildung

Die Initiative zur Etablierung der Berufsakademie in Baden-Württemberg (1971) verfolgte das Ziel, die Attraktivität der dualen Berufsausbildung für Abiturienten dadurch zu fördern, dass der theoretische Teil der Ausbildung nicht mehr mit dem Lernort Berufsschule, sondern mit einer Art Hochschulkurssystem verbunden werden sollte. Am 01. 10. 1974 wurden die ersten Berufsakademien eröffnet. Als *erweitertes* Ziel wurde dann jedoch bei der Realisierung des Projektes vom Kultusministerium die Zuordnung der Berufsakademien zum tertiären Bereich des Bildungssystems vollzogen. Mit der Gründung der dualen Hochschule Baden-Württemberg (DHBW): die Überführung der Berufsakademie Baden-Württemberg in das Hochschulsystem, war dieses Ziel schließlich formal erreicht. Heute ist die DHBW mit ihren Bachelor- und sogar einigen Masterstudiengängen die größte Hochschule Baden-Württembergs. Sie repräsentiert besonders anschaulich die Dynamik der Akademisierung beruflicher Bildung und das Dilemma, dem die dualen Studiengänge ausgesetzt sind. Und das besteht darin, dass es den Berufsakademien auf ihrem Weg zur DHBW zwar gelungen ist, die Attraktivität der dualen Berufsausbildung zu erhöhen, jedoch nicht im System der dualen Erstausbildung, wie ursprünglich geplant, sondern die DHBW wurde eine unmittelbare Konkurrenz zu dieser und schwächt sie dadurch. Als Dilemma erweist sich für die DHBW durch ihren Anspruch, eine hohe Qualität auf der Ebene beruflicher Erstausbildung zu erreichen und zugleich den Anforderungen einer Hochschule zu genügen, die darin bestehen, an der Entwicklung und Pflege der Wissenschaft mitzuwirken. Bei der Bewertung des DHBW-Studiums durch die Studierenden schlägt sich dies nieder. Dazu hat Andrä WOLTER einschlägige Untersuchungsergebnisse vorgelegt. Die wissenschaftliche Interessenorientierung ist eher niedrig. Dagegen ist das materielle Interesse an einem dualen Hochschulstudium besonders hoch: *„Es ist die Entscheidung für ein bestimmtes Karrieremodell – hohe berufliche Sicherheit*

3 Akademisierung der beruflichen und Verberuflichung der akademischen Bildung

und Karriereambitionen, geringes Interesse an Wissenschaft und Forschung, starker Praxisbezug der Ausbildung –, die das Interesse an einer Berufsakademieausbildung trägt."[73]

Bei der Gestaltung und Organisation der praktischen Ausbildung erhalten die Ausbildungsbetriebe in der Lernortkooperation mit den Berufsakademien ein besonderes Gewicht dadurch, dass diese die Studierenden für die Studiengänge der DHBW auswählen und mit ihnen einen Ausbildungsvertrag abschließen. Verstärkt wird der ausgeprägte Praxisbezug der Ausbildung durch die Regelung, die Bachelorarbeiten in den Unternehmen durchzuführen sowie die Praxis, für die Lehre vor allem Lehrbeauftragte aus der großen Zahl der an diesem Studienkonzept beteiligten Unternehmen zu gewinnen. In einer Informationsschrift für die Lehrbeauftragten werden die didaktischen Grundsätze für die duale Berufsausbildung erläutert.[74] Einerseits wird auf das in der berufspädagogischen Literatur vielfältig verankerte Leitbild der beruflichen Handlungskompetenz (implizit in Anlehnung an Heinrich ROTH) verwiesen. Für seine Umsetzung in die hochschulische Berufsbildungspraxis der DHBW wird dieses Leitbild jedoch deutlich eingeengt und schließlich in sein Gegenteil verkehrt: *„Das Leitbild dieser beruflichen Handlungskompetenz (oder auch Employability!) dient innerhalb der DHBW als Zielorientierung für Professoren, Lehrbeauftragte, für Ausbildungspartner und Studierende. Nach außen positioniert das Leitbild die DHBW in der Hochschullandschaft. [...] Das Leitbild Employability muss die Gestaltung der Lehrveranstaltungen an der DHBW, aber auch die Gestaltung der Praxisphasen bei den Ausbildungspartnern prägen"* (8). Übersehen wird dabei, dass *Beschäftigungsfähigkeit (Employability)* keine Kategorie der Bildungswissenschaften ist, sondern eine Kategorie des Studienschwerpunktes Human Resources des betriebswirtschaftlichen Studiums. Bei „Beschäftigungsfähigkeit" handelt es sich um eine für alle Formen, Sektoren und Qualifikationsniveaus des Beschäftigungssystems anwendbare bildungs*ökonomische* Kategorie. So ist es zum Beispiel eine wichtige Aufgabe der Beschäftigungspolitik, die Un- und Angelernten in Ländern, die dem internationalen Qualitätswettbewerb ausgesetzt sind, durch Beschäftigungs- und Qualifizierungsprogramme so zu qualifizieren, dass sie *beschäftigungsfähig* bleiben bzw. werden. Die Vermittlung von Beschäftigungsfähigkeit zielt vor allem (und besonders in Ländern mit einer hohen Arbeitslosigkeit) auf die Integration von Arbeitslosen in den Arbeitsmarkt. Das Qualifizierungskonzept Employability hat eine Affinität zu dem in Großbritannien entwickelten System der *„National Vocational Qualification – NVQ"*, ein modularisiertes Zertifizierungssystem, das Eingang fand in den europäischen Qualifikationsrahmen (EQR) sowie das ESCO-Projekt (→ S. 18 f.). Obwohl sich das NVQ-System schon sehr bald als ungeeignet erwies, Fachkräfte angemessen für den Arbeitsmarkt zu qualifizieren, hat es als eine Dimension der Leitidee Employability bis heute überlebt.

3.2 Duale Studiengänge zwischen hochschulischer und beruflicher Bildung

Der Anteil der dualen Studiengänge hat sich im letzten Jahrzehnt deutlich erhöht auf 6–7 % aller hochschulischen Studiengänge. Mit knapp 4 % aller Studierenden bilden sie jedoch immer noch eine Randgruppe im System der hochschulischen Bildung. Einen guten Überblick über die Grundlagen, die Organisation und Struktur dieses Segments der (formal) hochschulischen und inhaltlich eher beruflichen Bildung bietet der von Uwe FASSHAUER und Eckhart SEVERING 2016 herausgegebene Sammelband zur *„Verzahnung beruflicher und akademischer Bildung"*[75]. Unter einem „dualen Studiengang" wird mittlerweile eine Vielfalt hochschulischer Studiengänge zusammengefasst, deren gemeinsames Merkmal lediglich die Einbeziehung einer großen Bandbreite höchst verschieden ausgestalteter Praxisphasen ist. Diese reichen von einer praktischen Ausbildung auf der Grundlage der nach dem Berufsbildungsgesetz geregelten betrieblichen Berufsausbildung in einem der 325 Ausbildungsberufe bis hin zu ungeregelten kurzen betrieblichen Praktika. Bei den dualen Studiengängen der Erstausbildung wird unterschieden zwischen *ausbildungsintegrierenden* (mit geregelter betrieblicher Ausbildung nach BBiG) und *praxisintegrierenden* Studiengängen, deren praktische Ausbildung auf Vereinbarungen zwischen den Hochschulen und den Praxisbetrieben basiert. Für beide Varianten des dualen Studiums beträgt der Praxisanteil ca. 50 % der Ausbildungszeit.

Die dualen Studiengänge gelten bei den Unternehmen meist als attraktiv und dies vor allem aus zwei Gründen. Bei der Variante der ausbildungsintegrierenden Studiengänge schätzen die Unternehmen die hohe Belastbarkeit der Studierenden, die fachlich zwei kaum miteinander vermittelte Teile ihrer Ausbildung bewältigen müssen: ein nach den hochschulischen Regeln gestaltetes Bachelorstudium (tertiäres Niveau) und eine formal darauf bezogene praktische Berufsausbildung auf Sekundar-(II)-Niveau (geregelt nach dem BBiG). Bei den praxisintegrierenden dualen Studiengängen legt jede einzelne Hochschule in eigener Zuständigkeit Form und Inhalt der Praxisanteile des Studiums fest. Eine geordnete und funktionierende Lernortkooperation ist unter den Rahmenbedingungen beider Studiengangsvarianten nicht zu realisieren. Daher stehen die Studenten vor der (kaum lösbaren) Aufgabe, die Inhalte und Erfahrungen an beiden Lernorten aufeinander zu beziehen. In den praxisintegrierenden Studiengängen können die Hochschulen und die Betriebe das Studium und die Praxisphasen organisatorisch und curricular aufeinander abstimmen. Dies gilt auch für die DHBW. Bei einer Befragung von über 7.000 Studierenden in dualen MINT-Studiengängen bejahen nur 16,2 % (voll und ganz), dass „*die Aufgaben während der Praxisphase mit den Inhalten des Studiums abgestimmt sind*".[76] Da den Hochschulen dieses Problem einer kaum oder nicht realisierbaren Lernortkooperation in den ausbildungsintegrierenden Studiengängen nicht entgangen ist, bevorzugen die Hochschulen zunehmend das praxisintegrierende Studienmodell. Es bietet die Möglichkeit, mit den Unternehmen unabhängig von Ausbildungsordnungen frei über die Gestaltung der Praxisphasen Vereinbarungen zu treffen. Als Nachteil wird jedoch angegeben, dass die in den nicht-geregelten Praxisphasen erworbenen Kompetenzen nicht oder nur sehr schwer nachgewiesen werden können,

3.2 Duale Studiengänge zwischen hochschulischer und beruflicher Bildung

da kein Ausbildungsabschluss erworben werden kann. Es überrascht daher nicht, dass die kritische Bewertung der Qualität der Lernortkooperation durch die Studierenden auch für dieses Studienmodell gilt. Da im praxisintegrierenden Studienmodell die Doppelbelastung der Studierenden entfällt, hat dies zur Folge, dass der hochschulische Anteil der Ausbildung ca. 50 % der Ausbildungszeit umfasst. Berücksichtigt man die von den Studierenden attestierten Schwächen der Lernortkooperation, dann dürfte es weder möglich sein, eine die duale Berufsausbildung auszeichnende berufliche Kompetenz zu erwerben noch ein vollwertiges Hochschulstudium auf BA-Niveau zu absolvieren.

Die Einführung der dualen Studiengänge und die mit der Bologna-Reform verbundene Aufwertung der Fachhochschulen zu Hochschulen haben insgesamt zu einer deutlichen Abschwächung eines charakteristischen Qualitätsmerkmals der traditionellen Fachhochschulen geführt. Die Zugangsvoraussetzungen zum Fachhochschulstudium war ursprünglich eine duale Berufsausbildung mit einer parallel dazu erworbenen Fachhochschulreife. Nachdem die Fachhochschulreife auch unabhängig von einer dualen Berufsausbildung erworben werden konnte, verfügten 1995/96 immerhin noch 48 % der Studenten der Ingenieurwissenschaften über eine abgeschlossene Berufsausbildung. 2011 war dieser Anteil bereits auf 26 % abgesunken. Und heute liegt dieser Wert deutlich darunter. Dagegen werden an den Schweizer Fachhochschulen nur Bewerber zugelassen, die über eine abgeschlossene duale Berufsausbildung sowie ein darauf bezogenes berufsbezogenes Abitur verfügen. Das bedeutet, dass das reguläre Abitur eine Kompetenz repräsentiert, die als Eingangsvoraussetzung für ein Schweizer Fachhochschulstudium als unzureichend eingeschätzt wird. Die Schweizer Fachhochschulen sind mit ihrem konsekutiven System beruflicher Bildung eine wegweisende Form der Etablierung einer auf die duale berufliche Erstausbildung aufbauende höhere Berufsbildung. Das hochschuldidaktische Modell unterscheidet sich daher grundlegend von der Leitidee „Employability", die seit der Bologna-Reform für alle (!) Hochschulen des europäischen Hochschulraumes gilt.

3 Akademisierung der beruflichen und Verberuflichung der akademischen Bildung

Den entgegengesetzten Pol des breiten Spektrums hochschulischer Lehre und Forschung markiert die Exzellenzinitiative. Sie verfügt über ein Potenzial zur Stärkung einer betont wissenschaftlichen Lehre und Forschung und verstärkt damit das Gegengewicht zur Verberuflichung hochschulischer Bildung.

3.3 Die Exzellenzinitiative auf der Suche nach der neuen Universität

Die Deutsche Forschungsgemeinschaft (DFG) und der Wissenschaftsrat stützen sich als die Verantwortlichen für die Durchführung der Exzellenzinitiative bei ihren Erläuterungen und Anleitungen zur *„guten wissenschaftlichen Praxis"* auf die dazu von der DFG 1998 vorgelegten Denkschrift[77], die anlässlich der Vorbereitung der Exzellenzinitiative aktualisiert wurde. Die Aktualisierungen betreffen nicht das Selbstverständnis von Wissenschaft in Forschung und Lehre, sondern Verbesserungen im System der Selbstkontrolle zum Beispiel bei der Betreuung des wissenschaftlichen Nachwuchses und der Vermeidung von Fehlverhalten einzelner Wissenschaftler.

Das System der Selbstkontrolle der Hochschulen gründet sich auf die in der Verfassung verankerte Freiheit der Wissenschaft und bedeutet, dass nur die Wissenschaft selbst gute wissenschaftliche Praxis gewährleisten kann. Eine besondere Bedeutung hat für die Entwicklung und Pflege der Wissenschaft die Förderung des wissenschaftlichen Nachwuchses. Daher sei die Nachwuchsförderung auch als eine *Leitungsaufgabe* wahrzunehmen. *„Doktoranden tragen durch ihre Forschungsaktivitäten und ihren Ideenreichtum zur kontinuierlichen Wissensgewinnung bei [...]. Gerade die Verleihung des Doktorgrades sowie die Bewertung der Qualität einer Promotion gehören dabei zum Kernbereich des Wissenschaftssystems"* (10).

Weitere Kernaussagen der DFG-Denkschrift zeigen ganz eindeutig, dass die Hochschulen als potenzielle Bewerber für die Exzellenzinitia-

3.3 Die Exzellenzinitiative auf der Suche nach der neuen Universität

tive daran erinnert werden, was ihre zentrale Aufgabe ist: *„die Pflege und Entwicklung der Wissenschaften [...] durch Forschung, Lehre und Studium"*. Hochschulen sind damit *„in umfassender Weise legitimiert, aber auch verpflichtet, ihre innere Ordnung so zu gestalten, dass Wissenschaft entsprechend ihren immanenten Werten und Normen gestaltet werden kann"* (ebd., 15). Nicht nur das Bundesverfassungsgericht, sondern auch das Bundesverwaltungsgericht hat in seiner Rechtsprechung das in der DFG-Denkschrift zur *„Sicherung guter wissenschaftlicher Praxis"* dokumentierte Selbstverständnis von Wissenschaft vielfältig bestätigt. Es stellt in seiner Rechtsprechung klar, dass durch die Verfassung Art. 5 (3) geschützt ist, *„was als ernsthafter Versuch zur Ermittlung der Wahrheit anzusehen ist"* (www.bverwg.de/060716B1B39.16.0).

Nach diesem vielfältig dokumentierten Verständnis wissenschaftlicher Lehre und Forschung verfügen die deutschen Hochschulen und Hochschulverwaltungen über sehr deutlich formulierte und begründete Kriterien für die Gestaltung und Organisation von Forschung und Lehre an deutschen Hochschulen, die sich der Pflege und Entwicklung von Wissenschaft verpflichtet und in der Lage sehen, die damit verbundenen Anforderungen in der hochschulischen Praxis umzusetzen. Hochschulen und hochschulische Studiengänge, die am Kernbereich der Entwicklung von Wissenschaft: der Qualifizierung des wissenschaftlichen Nachwuchses, nicht teilnehmen können, bedürfen eine auf ihr Aufgabenprofil ausgerichtete gesetzliche Grundlage. Hochschulen, die ihre zentrale Aufgabe darin sehen, im Sinne der Bologna-Reform berufsqualifizierende Studiengänge einzurichten mit dem Ziel, den Studenten berufliche Handlungskompetenz zu vermitteln, sind herausgefordert, berufliche Bildung auf einem hohen Qualitätsniveau zu vermitteln und dazu die Methoden der Berufsbildungsforschung und der Arbeitswissenschaften zu nutzen. Für diese Hochschulen liegt eine Zuordnung zu einem entsprechend zu ergänzenden Berufsbildungsgesetz nahe. Beachtet man diese überfällige Differenzierung, dann kann man unterstellen, dass die Universitäten der Herausforderung (im Prinzip) gewachsen sind, an der Pflege und Entwicklung der Wissenschaft teilzunehmen. Nicht zuletzt die Exzellenzinitiative hat dies mehr oder weniger eindrucksvoll bestätigt. Ob dies auch für den Schwerpunkt der „Exzellenzcluster" mit ihren fächerübergreifenden und praxisintegrierenden Projektstrukturen gilt, ist wissenschaftspolitisch und wissenschaftstheoretisch strittig. So kritisiert z. B. Jens JESSEN in einem Beitrag der ZEIT vom 18. Oktober 2017 („*Forschst du noch, oder claimst du schon*") dass den Universitäten ihre Exzellenz nicht nach sorgfältiger Prüfung ihrer tatsächlichen Forschung und Lehre zuerkannt würde, sondern auf der Grundlage „*luftiger Pläne für Exzellenzcluster*". Diese Regelung habe die Antragsteller dazu verführt, Marketing zu betreiben. Zugespitzt fragt er: „*Wie konnte es zu dieser Demütigung der Universitäten kommen, Selbstverständlichkeiten in der Sprache des modernen (noch dazu eines schlechten) Marketings anpreisen zu müssen?*" Richtig ist sicher, dass die Exzellenzcluster als eine neue Form projektförmig organisierter Wissenschaft einer wissenschaftlichen Begründung bedürfen und vor allem einer Aufwertung der in den 1980er und 1990er Jahren dazu gesammelten Erfahrungen in einschlägigen Forschungsprogrammen wie ESPRIT und den „Arbeit und Technik"-Programmen der Länder und des Bundes (→ 4.3).

3.4 Die Verberuflichungsfalle für die Hochschulen

Die Leitidee der Verberuflichung hochschulischer Bildung, wie sie für den europäischen Hochschulraum vereinbart wurde, hat Strukturen hervorgebracht, die sich vom Weg der Teilnahme am Wissenschaftsprozess verabschiedet haben. Die dualen Studiengänge, die als ihr didaktisches Zentrum die Vermittlung der Berufsfähigkeit (Employability) sehen, haben sich mit dieser Programmatik auf einen außerordentlich prekären Entwicklungspfad begeben. Vielen dieser Studiengänge kann man sicher zu Gute halten, dass ihre Studienpraxis und die in Kooperation mit den an der Ausbildung beteiligten Unternehmen durchgeführten Forschungs- und Entwicklungsprojekten eine beachtliche Qualität erreicht haben. „Employability" ist dann jedoch nicht mehr als ein miss-

3.4 Die Verberuflichungsfalle für die Hochschulen

verständliches Etikett, das signalisieren soll: Wir gehören auch zum europäischen Hochschulraum. Es spricht alles dafür, sich von dieser missverständlichen Formel zu verabschieden und sich an der Leitidee der modernen Berufsbildung: der *Gestaltungskompetenz*, zu orientieren (→ Kap. 1.4).

Die Verberuflichungsfalle für die Hochschulen, die sich auf den Weg gemacht haben, unter dem Dach des Hochschulrechtes am Wissenschaftsprozess teilzunehmen und zugleich ihre Studenten beruflich zu qualifizieren oder gar berufliche Bildung zu vermitteln, besteht darin, dass das Hochschulrecht ihnen den Weg versperrt, eine professionelle Form der höheren beruflichen Bildung, eine auf die duale berufliche Erstausbildung aufbauende Struktur berufsqualifizierender Studiengänge, zu etablieren. Dabei gilt es, die folgenden Punkte zu bedenken.

(1) *Jeden Beruf muss man zuletzt praktisch erlernen.* Daher verfügen die Universitäten über eine Tradition alternierender Ausbildungsgänge für Professionen, in denen die Absolventen des ersten Staatsexamens eine daran anschließenden Phase praktischer Ausbildung anschließen (z. B. Lehrer und Richter). Danach legen sie ein zweites Staatsexamen ab, mit dem die Berufsfähigkeit überprüft wird. Diese Form der *alternierenden Dualität* erlaubt es den entsprechenden universitären Fächern uneingeschränkt am Wissenschaftsprozess teilzunehmen.

(2) *Nur dualen beruflichen Bildungsgängen gelingt es, die Berufsfähigkeit zu vermitteln.* Ihre Organisation basiert auf einem *pluralen Steuerungskonzept*. Für die duale berufliche Erstausbildung ist die plurale Steuerung im Berufsbildungsgesetz geregelt. Das bedeutet, dass die Organisationen der Arbeitswelt sowie die Bildungs-, Wirtschafts-, Arbeits- und die Ressortministerien an der Steuerung der dualen Berufsbildungssysteme beteiligt werden müssen, wenn es gelingen soll, praxis- und berufsbezogen auszubilden. Das Prinzip der Autonomie und Selbstverwaltung jeder einzelnen Hochschule schließt eine Beteiligung an einer pluralen Steuerung der beruflichen Bildung aus.

3 Akademisierung der beruflichen und Verberuflichung der akademischen Bildung

(3) *Die höhere berufliche Bildung an Hochschulen setzt ebenso wie die berufliche Erstausbildung auf der Grundlage der Berufsforschung geordnete Berufe (Professionen) voraus.* Die seit der Bologna-Reform noch einmal drastisch erhöhte Zahl von Studiengängen repräsentiert hochschul- bzw. studiengangsspezifische „Berufsbilder", die den Qualitätsanforderungen an eine moderne Beruflichkeit nicht genügen. Eine große Zahl dieser Studiengänge sind aufgrund des hohen Spezialisierungsgrades der Studieninhalte daher keine *berufsbezogenen, sondern tätigkeits- bzw. verrichtungsorientierte* Ausbildungsformen. Wenn eine Struktur moderner Beruflichkeit für die höhere Berufsbildung fehlt, dann fehlen auch die Grundlagen für die Entwicklung der hochschulischen Curricula sowie die Kriterien für die Einrichtung professioneller Lernumgebungen.

(4) *Die Lernortkooperation zwischen Hochschulen und Ausbildungsbetrieben setzt für die Gestaltung und Organisation dualer Studiengänge ein integriertes Curriculum voraus.* Es empfiehlt sich daher, die getrennte Entwicklung eines Hochschulcurriculums und einer Ausbildungsordnung für die betriebliche Ausbildung durch eine integrierte Curriculumentwicklung abzulösen. Nahegelegt wird diese Empfehlung durch die Ergebnisse von Studien zur Qualität der Lernortkooperation im dualen Berufsbildungssystem in Deutschland. Die Rahmenlehrpläne für den Lernort Schule werden in Deutschland auf der Grundlage von Bildungsgesetzen der Bundesländer und die Ausbildungsordnungen zur Gestaltung der betrieblichen Berufsausbildung auf der Grundlage des BBiG (einem Bundesgesetz) geregelt. Struktur und Inhalt der Lernortkooperation wurden von den an der COMET NRW-Studie beteiligten Auszubildenden als die mit Abstand am schwächsten ausgeprägten Qualitätskriterien ihrer dualen Ausbildung bewertet.

3.4 Die Verberuflichungsfalle für die Hochschulen

verständliches Etikett, das signalisieren soll: Wir gehören auch zum europäischen Hochschulraum. Es spricht alles dafür, sich von dieser missverständlichen Formel zu verabschieden und sich an der Leitidee der modernen Berufsbildung: der *Gestaltungskompetenz*, zu orientieren (→ Kap. 1.4).

Die Verberuflichungsfalle für die Hochschulen, die sich auf den Weg gemacht haben, unter dem Dach des Hochschulrechtes am Wissenschaftsprozess teilzunehmen und zugleich ihre Studenten beruflich zu qualifizieren oder gar berufliche Bildung zu vermitteln, besteht darin, dass das Hochschulrecht ihnen den Weg versperrt, eine professionelle Form der höheren beruflichen Bildung, eine auf die duale berufliche Erstausbildung aufbauende Struktur berufsqualifizierender Studiengänge, zu etablieren. Dabei gilt es, die folgenden Punkte zu bedenken.

(1) *Jeden Beruf muss man zuletzt praktisch erlernen.* Daher verfügen die Universitäten über eine Tradition alternierender Ausbildungsgänge für Professionen, in denen die Absolventen des ersten Staatsexamens eine daran anschließenden Phase praktischer Ausbildung anschließen (z. B. Lehrer und Richter). Danach legen sie ein zweites Staatsexamen ab, mit dem die Berufsfähigkeit überprüft wird. Diese Form der *alternierenden Dualität* erlaubt es den entsprechenden universitären Fächern uneingeschränkt am Wissenschaftsprozess teilzunehmen.

(2) *Nur dualen beruflichen Bildungsgängen gelingt es, die Berufsfähigkeit zu vermitteln.* Ihre Organisation basiert auf einem *pluralen Steuerungskonzept*. Für die duale berufliche Erstausbildung ist die plurale Steuerung im Berufsbildungsgesetz geregelt. Das bedeutet, dass die Organisationen der Arbeitswelt sowie die Bildungs-, Wirtschafts-, Arbeits- und die Ressortministerien an der Steuerung der dualen Berufsbildungssysteme beteiligt werden müssen, wenn es gelingen soll, praxis- und berufsbezogen auszubilden. Das Prinzip der Autonomie und Selbstverwaltung jeder einzelnen Hochschule schließt eine Beteiligung an einer pluralen Steuerung der beruflichen Bildung aus.

3 Akademisierung der beruflichen und Verberuflichung der akademischen Bildung

(3) *Die höhere berufliche Bildung an Hochschulen setzt ebenso wie die berufliche Erstausbildung auf der Grundlage der Berufsforschung geordnete Berufe (Professionen) voraus.* Die seit der Bologna-Reform noch einmal drastisch erhöhte Zahl von Studiengängen repräsentiert hochschul- bzw. studiengangsspezifische „Berufsbilder", die den Qualitätsanforderungen an eine moderne Beruflichkeit nicht genügen. Eine große Zahl dieser Studiengänge sind aufgrund des hohen Spezialisierungsgrades der Studieninhalte daher keine *berufsbezogenen, sondern tätigkeits- bzw. verrichtungsorientierte* Ausbildungsformen. Wenn eine Struktur moderner Beruflichkeit für die höhere Berufsbildung fehlt, dann fehlen auch die Grundlagen für die Entwicklung der hochschulischen Curricula sowie die Kriterien für die Einrichtung professioneller Lernumgebungen.

(4) *Die Lernortkooperation zwischen Hochschulen und Ausbildungsbetrieben setzt für die Gestaltung und Organisation dualer Studiengänge ein integriertes Curriculum voraus.* Es empfiehlt sich daher, die getrennte Entwicklung eines Hochschulcurriculums und einer Ausbildungsordnung für die betriebliche Ausbildung durch eine integrierte Curriculumentwicklung abzulösen. Nahegelegt wird diese Empfehlung durch die Ergebnisse von Studien zur Qualität der Lernortkooperation im dualen Berufsbildungssystem in Deutschland. Die Rahmenlehrpläne für den Lernort Schule werden in Deutschland auf der Grundlage von Bildungsgesetzen der Bundesländer und die Ausbildungsordnungen zur Gestaltung der betrieblichen Berufsausbildung auf der Grundlage des BBiG (einem Bundesgesetz) geregelt. Struktur und Inhalt der Lernortkooperation wurden von den an der COMET NRW-Studie beteiligten Auszubildenden als die mit Abstand am schwächsten ausgeprägten Qualitätskriterien ihrer dualen Ausbildung bewertet.

3.4 Die Verberuflichungsfalle für die Hochschulen

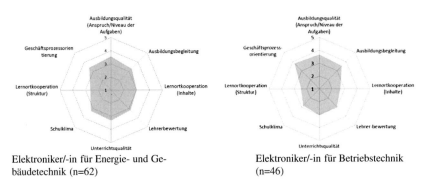

Elektroniker/-in für Energie- und Gebäudetechnik (n=62)

Elektroniker/-in für Betriebstechnik (n=46)

Abb. 24: Qualitätsprofile der am COMET (NRW)-Projekt beteiligten Berufe Elektroniker/-in für Energie- und Gebäudetechnik, Elektroniker/-in für Betriebstechnik[78]

Beispiel: Qualitätsdiagramme COMET NRW 2014 (→ Abb 24)

Qualitätsdiagramme zu den acht Ausbildungsberufen (COMET NRW) basieren auf der Befragung von 1.180 Auszubildenden des zweiten und dritten Ausbildungsjahres aus acht Berufen.

Bei beiden gewerblich-technischen Industrieberufen fällt die Bewertung der Lernortkooperation besonders kritisch aus. Sowohl die strukturelle als auch die inhaltliche Qualität der Lernortkooperation werden negativ bewertet. Bei einer dualen Berufsausbildung, bei der einer der beiden Lernorte deutlich mehr zur Ausbildungsqualität beiträgt, liegt aus der Sicht der Auszubildenden ein Mangel im Zusammenspiel zwischen den beiden Lernorten vor. Der schwächere Partner wird als Ursache für die Mängel in der Lernortkooperation angesehen.

(5) Eine höhere (duale) berufliche Bildung in hochschulischen Studiengängen sollte auf einer *dualen beruflichen Erstausbildung und eine darauf bezogene Hochschulreife aufbauen (vgl. das Schweizer Modell)*.[79] Die Parallelität zwischen einer dualen Erstausbildung (nach BBiG) in Berufen, die überwiegend von Abiturienten gewählt werden („Abiturientenberufe"), und dreijährigen dualen Bachelorstudiengängen (ebenfalls berufliche Erstausbildung!) führt zu zwei miteinander konkurrierenden Formen beruflicher Erstausbildung, von

denen die erste der Sekundarstufe II und die zweite formal der tertiären (hochschulischen) Bildung zugeordnet wird. Diese Doppelstruktur beschädigt beide Ausbildungsgänge. Wenn die Zulassungsvoraussetzungen für die „berufsqualifizierenden" Bachelorstudiengänge nach dem Schweizer Modell geändert würden, wäre dieses Problem nicht nur gelöst, sondern es könnte eine deutlich höhere Qualität der höheren beruflichen Bildung erreicht werden.

(6) Die Kompetenzen von Hochschullehrern, die am Wissenschaftsprozess teilnehmen (zum Beispiel an der Förderung des wissenschaftlichen Nachwuchses) und solchen, die Fach- und Führungskräfte in Studiengängen der höheren Berufsbildung ausbilden, unterscheiden sich in ihrer Kompetenzausprägung deutlich voneinander. Es empfiehlt sich daher, die einheitlichen Berufungsverfahren für Professoren an Hochschulen durch die Profilierung dieser unterschiedlichen Professuren sowie die Etablierung darauf bezogener Berufungsverfahren zu ersetzen.

(7) Diese Auflistung der Probleme und Voraussetzungen für die Gestaltung und Organisation einer professionellen höheren dualen Berufsbildung an Hochschulen und den in die Lernortkooperation einbezogenen Unternehmen bedarf der Ergänzung. Weitere Aspekte werden im abschließenden Kapitel begründet, in dem eine Architektur paralleler Bildungswege vorgelegt wird. Es geht dabei nicht nur darum, wie man der Falle der Verberuflichung der hochschulischen und der Akademisierung der beruflichen Bildung entkommen kann, sondern vor allem darum, wie die Qualität sowohl der wissenschaftlichen als auch der beruflichen Bildung in einem durchgängigen dualen Bildungsweg vom Lehrling bis zur Dr. Professional erhöht werden kann.

3.5 Fazit: Wege und Irrwege bei der Suche nach einer Bildungsarchitektur

Die Akademisierung der beruflichen sowie die Verberuflichung der hochschulischen Bildung wurden in der Bologna-Reform zu einem hochschulpolitischen Ziel. Die Berufsakademien, die ursprünglich gegründet wurden, um die duale Berufsausbildung aufzuwerten, wurden zum wichtigsten Träger der Akademisierung der beruflichen Bildung. Trotz ihrer beachtlichen Expansion und ihrer Akzeptanz bei den Unternehmen gelingt es den Berufsakademien als eine neue Form der hochschulischen dualen Berufsausbildung nicht, sich systematisch in die eindimensionale Struktur der aufeinander aufbauenden Kompetenzniveaus und Bildungsabschlüsse des deutschen Bildungssystems einzuordnen. Sie lässt sich weder der hochschulischen (wissenschaftlichen) noch der höheren Berufsausbildung zuordnen. Im Bereich der universitären Wissenschaftsentwicklung verschärft die Exzellenzinitiative die Auseinanderentwicklung zwischen der Tradition universitärer Wissenschaft und der Initiative vor allem der ehemaligen Fachhochschulen und Berufsakademien sich als eine Form hochschulischer Berufsausbildung zu profilieren. Die Bilanz der Akademisierung beruflicher und der Verberuflichung hochschulischer Bildung fällt daher ernüchternd aus. Als Ausweg bietet sich eine Architektur paralleler Bildungswege an. Und diese wird im abschließenden Kapitel begründet.

4 Architektur paralleler Bildungswege

Die Architektur paralleler Bildungswege ist ein Lösungsvorschlag für die Stärkung sowohl der akademischen als auch der beruflichen Bildung. Sie bietet einen Ausweg an für die weit fortgeschrittene Akademisierung der Bildung nach der in zahlreichen Ländern populären Leitidee der „hochschulischen Bildung für alle" (College for All). Diese Bildungsstrategie hat sich als eine Sackgasse erwiesen. Darüber besteht mittlerweile in der bildungspolitischen und -wissenschaftlichen Diskussion weitgehend Konsens.

Komplizierter ist es mit der Kehrseite dieses Prozesses: mit der Verberuflichung der hochschulischen Bildung (vocationalism in higher education). Hier zeichnet sich eine Spaltung der Hochschullandschaft in einen Sektor hochentwickelter Universitäten ab, die ihr Ziel darin sehen, das wissenschaftliche Wissen im System der ausdifferenzierten Wissenschaftsdisziplinen zu mehren und die Qualifizierung des wissenschaftlichen Nachwuchses zu fördern. Sie können sich dabei auf die verfassungsrechtlich gestützte Freiheit der Wissenschaft stützen. Es ist bemerkenswert, dass sich die DFG und der Wissenschaftsrat im Zusammenhang mit der Exzellenzinitiative zu seiner 1998 vorgelegten Denkschrift zur *„guten wissenschaftlichen Praxis"* (→ 3.3) bekennt und diese in einer geringfügig überarbeiteten Fassung der Exzellenzinitiative zu Grunde gelegt hat.

Daneben hat sich ein Sektor hochschulischer Berufsausbildung herausgebildet, der sich an Entwicklungen in den USA orientiert und mit der Bologna-Vereinbarung von 1999 in Europa einen kräftigen Schub durch die Einführung der hochschulischen Stufenausbildung (Bachelor – Master) erhielt. Für die Länder Kontinentaleuropas stellt die damit importierte Leitidee *„Employability" (Berufsfähigkeit)* einen radikalen Bruch mit den Bildungsidealen der universitären Lehre dar. Die Leitidee Employability verstärkt und legitimiert die Etablierung berufs-

4 Architektur paralleler Bildungswege

qualifizierender Studiengänge vor allem an den Fachhochschulen und konfrontiert die Hochschulen, die sich auf diesen Weg begeben, mit einem Dilemma, das ihren Stellenwert im Bildungssystem schwächt. Diese Hochschulen verfügen weder über die rechtlichen und institutionellen Voraussetzungen für die Etablierung einer professionellen Berufsausbildung, noch erlaubt es ihre Orientierung an der neuen Leitidee sich als *gute wissenschaftliche* Praxis zu profilieren.

In diesem abschließenden Kapitel geht es um die Beschreibung eines Auswegs aus dieser sowohl für die berufliche als auch die akademische Bildung prekären Situation. Anknüpfen kann ich dabei an Veröffentlichungen, in denen dieses Projekt bereits skizziert wurde.[80]

Ein charakteristisches Element dieser Bildungsarchitektur ist eine akademische Bildung, die sich an der grundgesetzlich gebotenen Pflege und Entwicklung der Wissenschaft orientiert und damit zu einer Aufwertung der wissenschaftlichen Bildung an Hochschulen beiträgt. Der gleichwertige parallele duale Bildungsweg „*vom Lehrling bis zum Doktor Professional*" bedarf der Realisierung der für die moderne Berufsbildung charakteristischen Voraussetzungen. Die Beschreibung des durchgängigen dualen Bildungsweges, der nur unter Beteiligung der Hochschulen gelingen kann, verdeutlicht zugleich die charakteristischen Merkmale und Stärken des (parallelen) akademisch-wissenschaftlichen Bildungsweges.

Da sich Elemente der höheren Berufsbildung an Hoch- und Fachschulen bereits herausgebildet haben (→ 3.4), geht es in der Folge um die Beschreibung der charakteristischen Qualitätsmerkmale der aufeinander aufbauenden beruflichen Bildungsgänge und Qualifikationsniveaus unter Bezugnahme auf die in den Kapiteln 1–3 skizzierten bildungstheoretischen Grundlagen der beruflichen und der akademisch-wissenschaftlichen Bildung. Der Veranschaulichung des durchgängigen beruflichen Bildungsweges dienen Beispiele aus der einschlägigen Forschung sowie der Berufsbildungspraxis.

Dass es sich bei der Initiative zur Etablierung einer Architektur paralleler Bildungswege um ein Projekt handelt, das seit Anfang des

Jahrzehnts auch international diskutiert wird, zeigt das Memorandum „*An Architecture for Modern Apprenticeships*" des internationalen Forschungsnetzwerkes *INAP* (International Network on Innovative Apprenticeship) von 2012 sowie eine bildungsplanerische Initiative Südafrikas. Im National Skills Development Handbook Südafrikas von 2010/11 werden die zentralen Kategorien der akademischen und beruflichen Bildung tabellarisch gegenübergestellt.

Academic	vs.	Practical
Theoretical	vs.	Experimental
Teaching	vs.	Learning
Inputs	vs.	Outputs
Instruction	vs.	Workplace
Discipline	vs.	Occupation

Es wird hervorgehoben, warum zwischen beiden Bildungswegen unterschieden werden muss: „*There is a fundamental rift between the actual practitioners of* **discipline based** *learning, and* **work based** *learning, and that this kind of rift is visible all over the world in approaches to learning and knowledge.*"[81]

Mit einer Darstellung der beiden Bildungswege werden in Tab. 7 die Stufen und Qualifikationsniveaus des „*discipline based learning track*" und des „*work-based learning track*" dargestellt. „*It is then that we realize that although we have reached an advanced level of specialization in a particular field of knowledge, it is the ability to holistically combine and apply all the relevant fields of knowledge that really results in effective solutions*" (ebd., 237). In ihrem zehnstufigen nationalen Qualifikationsrahmen unterscheiden sie daher zwischen einem „Specialisation Career Path" und einem „Management Career Path".

4 Architektur paralleler Bildungswege

Tab. 3: System paralleler Bildungswege für wissenschaftlich qualifizierte Führungskräfte und Manager nach dem National Qualification Framework (NQF) Südafrikas (ebd., 267)

NQF Levels	Descriptor	Specialisation Career Path	Management Career Path
10	High-level occupations and professions	Research professionals	Strategic Management
9		Professionals	Senior Management
8		Para-professionals	
7	Mid-level occupations	Support professional technologists	Middle Management
6	Occupations	Technicians	Supervisory Management
5		Specialised Sales	

Die Antwort auf die Akademisierung der *beruflichen* Bildung und die damit einhergehende Verberuflichung der *akademischen* (hochschulischen) Bildung ist eine Bildungssystemarchitektur, die über zwei Eckpfeiler als tragende Säulen verfügt: eine in die Wissenschaftsentwicklung eingebettete Bildung, wie sie in jüngster Zeit beim Wettbewerb der Universitäten um den Status einer „Exzellenzuniversität" hervorgehoben wird. Als Merkmal exzellenter Forschung und Lehre gelten einerseits Graduierten(Doktoranden)programme bzw. -schulen, die auf einem „*exzellenten Niveau*" disziplinäres Wissen generieren und dabei die Doktoranden für ihre Fächer wissenschaftlich qualifizieren. Ergänzend dazu wird in der Exzellenzinitiative das Clusterkonzept – basierend auf der Leitidee der Transdisziplinarität – etabliert. So beschreibt zum Beispiel die Humboldt-Universität (Berlin) mit ihrer Darstellung des Clusters „*Bild, Wissen, Gestaltung – ein interdisziplinäres Labor*", dass sie mit diesem Clusterkonzept einen paradigmatischen Wandel in der Universitätsentwicklung verfolgt (→ 4.3).

Damit rückt sie die Gestaltungsdimension von Wissenschaft in das Zentrum von Forschung und Lehre, wie dies bereits in den 1980er Jahren von der Bremer Sachverständigenkommission (SK) „*Arbeit und*

Technik" in aller Ausführlichkeit als Grundlage für ein transdisziplinäres Forschungsprogramm entfaltet wurde.[82]

In Kap. 4.2 „*Gestaltung als wissenschaftliche Kategorie*" führt die SK unter anderem aus: „*Der Begriff ‚Gestaltung' hat einen engen Bezug zu den bildenden Künsten. Trotz der kritischen Aspekte, der Betonung von wiederzugewinnender Zweckrationalität im Sinne sozial verträglicher Technik, verweist der Begriff darauf, dass es immer auch um ein Kunststück, um die Kunstfertigkeit geht, das Gegebene in eine neue gewünschte Form zu bringen, deren genaue Gestalt – und damit der Erfolg des Unterfangens – sich erst im Gestaltungsprozess selbst ergibt. In diesem Sinne haben Wissenschaft und Forschung ebenso eine beschränkte Funktion, wie sie dies unter dem noch zu entwickelnden Aspekt der Beteiligung von Betroffenen haben. Dennoch wächst die Rolle professioneller Experten bei der Entscheidung über Gestaltungen in allen gesellschaftlichen Bereichen, besonders bei der Anwendung neuer Technologien.*" Eine auf Gestaltungskompetenz zielende transdisziplinäre und beteiligungsorientierte Lehre und Forschung bildet zudem Brücken zwischen dem akademischen und einem durchgängigen dualen – auf Berufsausbildung und Professionalisierung ausgerichteten – Bildungsweg. Dieser basiert auf der Leitidee der Gestaltungskompetenz: *der Befähigung zur holistischen Lösung beruflicher Aufgaben*(→ Abb. 13) und fordert zur Auseinandersetzung mit den in den Gegebenheiten der Arbeitswelt (und der Gesellschaft) inkorporierten Zwecken in sozialer und ökologischer Verantwortung heraus.

Mit einem durchgängigen dualen Bildungsweg, neben einer um die Elemente der Transdisziplinarität erweiterten akademischen Forschung und Lehre, wird der Einsicht Rechnung tragen, dass Bildung nicht auf eine verstehende und zweckfreie (universitäre) Bildung begrenzt werden kann, sondern darauf zielen muss, in allen Formen und auf allen Ebenen *beruflicher* Bildung, Verstehen, Gestalten und Verantwortung als einen untrennbaren Zusammenhang zu verankern. Dieser neue durchgängige duale berufliche Bildungsweg zeichnet sich durch drei charakteristische Merkmale aus:

4 Architektur paralleler Bildungswege

(1) Auf allen Niveaus der dualen beruflichen Bildungsgänge kann jeweils die Berufsfähigkeit erreicht werden. Die inhaltlichen Verschränkungen des Lernens im Arbeitsprozess (reflektierte Arbeitserfahrung) mit der Vermittlung von Arbeitsprozesswissen in den beruflichen (hoch-)schulischen Bildungsgängen ermöglicht es, Berufe und Professionen so zu erlernen, dass diese nach dem Abschluss der Ausbildungs- und Studiengänge ohne weitere Einarbeitungszeiten in der Praxis ausgeübt werden können.

(2) Die Ausbildung zu einem Bachelor (Professional) und zum Master (Professional) qualifiziert vor allem für die Wahrnehmung von Leitungsaufgaben auf der mittleren und höheren Managementebene. Die Wahrnehmung von Führungsaufgaben z. B. als Abteilungs- oder Betriebsleiter/in setzt ebenso wie auf der Facharbeiterebene die Fähigkeit der holistischen Lösung beruflicher Aufgaben voraus ($\rightarrow$ Abb. 13).

(3) Auf der Ebene der Promotion zum Doktor Professional kann durch die Erforschung von Zusammenhangs- und praktischem Wissen eine Lücke geschlossen werden, die durch die an der Tradition der disziplinären Forschung ausgerichteten Forschungsarbeiten der Doktoranden und Doktorandenprogramme entstanden ist.

Die Architektur paralleler Bildungswege ($\rightarrow$ Abb. 25) kann in der Praxis ihr Bildungs- und Forschungspotenzial nur dann entfalten, wenn die vielfältigen Brücken, die zwischen beiden Bildungswegen bestehen und sich anbieten, genutzt werden. Auf einige dieser Brücken sei hier hingewiesen.

Das Berufsabitur, wie es in der Schweiz eingeführt wurde, verbindet die duale berufliche Erstausbildung mit dem Erwerb einer berufsbezogenen Hochschulreife. Diese privilegiert für ein Studium an Schweizer Fachhochschulen und eröffnet die Möglichkeit für ein darauf aufbauendes Studium in einschlägigen Masterstudiengängen.

Die Gruppe der Auszubildenden, die nach dem Abitur einen Beruf erlernt (weit über 20 % aller Auszubildenden in Deutschland), erreicht in den Berufen, für die sich in der Praxis die Hochschulreife als eine

4 Architektur paralleler Bildungswege

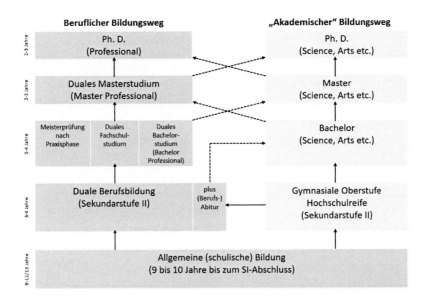

Abb. 25: Architektur paralleler Bildungswege mit einem durchgängigen dualen Bildungsweg (eigene Darstellung)

informelle Eingangsvoraussetzung eingebürgert hat, mit einiger Wahrscheinlichkeit ein Qualifikationsniveau, das die gleiche Wertigkeit wie der Abschluss eines inhaltlich verwandten Bachelorstudiums in dualen Studiengängen hat. Hier bietet sich an, die Absolventen dieser dualen Erstausbildung zu einschlägigen dualen Masterstudiengängen zuzulassen bzw. Teile der dualen Berufsausbildung auf das Masterstudium anzurechnen.

Das mit der Exzellenzinitiative etablierte Clusterkonzept nimmt charakteristische Leitideen auf, wie sie hier für einen durchgängigen dualen Bildungsweg begründet wurden. Es liegt nahe, diese Brücke auch für die inhaltliche Ausgestaltung der Forschung in den Graduiertenprogrammen sowohl für Absolventen des akademischen als auch des professionsbezogenen beruflichen Bildungsweges zu öffnen (→ Abb. 25).

4 Architektur paralleler Bildungswege

4.1 Die duale Berufsausbildung: die erste Stufe des dualen Bildungsweges

Die herausragende Bedeutung der dualen beruflichen Erstausbildung („Berufslehre") wird mit drei Argumenten begründet:
(1) Die unmittelbare Verzahnung der dualen Berufsausbildung (S II) mit dem Beschäftigungssystem trägt zu einem nahtlosen Übergang von der Schule in die Arbeitswelt entscheidend bei. Die Jugendarbeitslosigkeit ist in Ländern mit einem entwickelten dualen Berufsbildungssystem entsprechend gering.
(2) Die Qualifizierung von dual ausgebildeten Fachkräften gilt als ein entscheidender Faktor für eine hohe Wettbewerbsfähigkeit der Unternehmen und für gesellschaftlichen Wohlstand.
(3) Die Voraussetzung für die Entfaltung der innovativen Potenziale der Berufslehre sind breitbandige Kernberufe, die zukünftig verstärkt als internationale (z. B. europäische) Berufe unter Beteiligung der Berufsforschung entwickelt werden sollten. Optional sollte die Möglichkeit bestehen, die berufsbezogene Hochschulreife zu erwerben (s. das Beispiel Schweiz).
Die Projekte der hochschulischen dualen beruflichen *Erstausbildung* in Deutschland sollten zu dualen Bachelorstudiengängen weiterentwickelt werden, so dass sie auf der dualen beruflichen Erstausbildung aufbauen (→ 4.2).

Das Identifikationspotenzial der Ausbildungsberufe

Die Ausbildungsberufe sind von elementarer Bedeutung für die Qualität der dualen Berufsausbildung. Den einschlägigen Statistiken lässt sich entnehmen, auf welchem Niveau die Berufe von den Bewerbern um eine Lehrstelle im Attraktivitäts-Ranking eingestuft werden. Bei der Beliebtheit der Berufe spielen geschlechtsspezifische Präferenzen ebenso eine Rolle wie die individuellen Neigungen, Interessen und Fähigkeiten. Aber hier ist Vorsicht geboten, da die subjektiven Präferenzen der Bewerber weder ein hinreichender Indikator für die Eignung für einen

4.1 Die duale Berufsausbildung: die erste Stufe des dualen Bildungsweges

Beruf ist, noch ein sicheres Kriterium für das Identifikationspotenzial eines Berufes. Das Identifikationspotenzial der Berufe und der beruflichen Arbeit lässt sich anhand von fünf Merkmalen erfasst: die berufliche Identität und das berufliche Engagement, die betriebliche Identität und das betriebliche Engagement sowie die Arbeitsmoral als die nicht hinterfragte Bereitschaft berufliche Aufgaben nach Anordnung auszuführen (→ Tab. 4).

Tab. 4: Die Kategorien des Identität- und Engagement-Modells

Berufliche Identität

Die Identifizierung mit dem Ausbildungsberuf während der Berufsausbildung sowie danach bei der Ausübung dieses Berufes kennzeichnet die berufliche Identität.

Berufliches Engagement (Occupational Commitment)

Mit beruflichem Engagement wird die Leistungsbereitschaft von Auszubildenden und beruflichen Fachkräften bezeichnet, die auf der in der Berufsausbildung und Berufsausübung erworbenen beruflichen Identität basiert.

Betriebliche Identität

Die emotionale Bindung an ein Unternehmen während der Berufsausbildung sowie im Rahmen der Berufsausübung in einem Unternehmen bezeichnet man als betriebliche Identität.

Betriebliches Engagement (Organisational Commitment)

Das betriebliche Engagement basiert auf betrieblicher Identität. Mit diesem Kriterium wird die Leistungsbereitschaft im Arbeitsprozess bezeichnet, die auf der Identifizierung mit dem Unternehmen basiert.

Arbeitsmoral

Die Definition von Arbeitsmoral orientiert sich an eine Definition von Carlo JÄGER (1989). Damit wird die nicht hinterfragte Bereitschaft bezeichnet, berufliche Arbeit nach Anweisungen auszuführen.

4 Architektur paralleler Bildungswege

Für die Darstellung der Untersuchungsergebnisse bieten sich vor allem die Identität-Engagement-Profile an, die es ermöglichen, alle betrachteten Commitment-Aspekte zusammenfassend darzustellen. **Beispiel**[83]: So zeigt sich z. B. für die Mechatroniker in einer breit angelegten regionalen Untersuchung, dass die Auszubildenden sich eher mit dem Beruf identifizieren als mit dem Unternehmen, in dem sie diesen Beruf erlernen. Für die Verfahrens- und Industriemechaniker ist die Identifikation mit den Unternehmen stärker ausgeprägt, wenngleich die Werte noch unterhalb des Gesamtmittelwertes der vorliegenden Stichprobe liegen (Abb. 26).

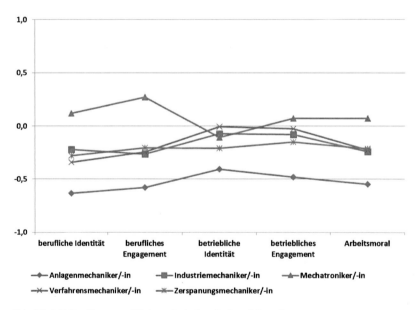

Abb. 26: I-E-Profile gewerblich-technischer Industrieberufe

In der Darstellungsform der I-E-Netzdiagramme treten die Orientierungen der einzelnen Berufe noch deutlicher hervor (→ Abb. 27). Die Mechatroniker füllen das I-E-Profil in nahezu allen Identitäts- und Engagement-Dimensionen geringfügig über dem Mittelwert der Gesamt-

4.1 Die duale Berufsausbildung: die erste Stufe des dualen Bildungsweges

stichprobe (mit Ausnahme der betrieblichen Identität) aus. Im Gegensatz dazu zeigt das I-E-Netzdiagramm der Anlagenmechaniker, dass dieser Ausbildungsberuf über kein Identifikationspotenzial verfügt. Die Folgen sind eine sehr schwach ausgeprägte Leistungsbereitschaft. Worauf diese Schwächen in der industriellen Ausbildung zurückzuführen sind, lässt sich anhand von Kontextdaten ermitteln.

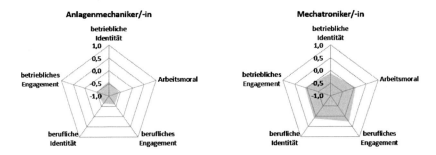

Abb. 27: *I-E-Netzdiagramme der Anlagenmechaniker (n=37) und Mechatroniker (n=108)*[84]

Fazit: Ein großer Teil der Ausbildungsberufe weist mit seinen I-E-Profilen große bis sehr große Schwächen auf. Diese Berufe tragen weder zur Entwicklung einer beruflichen Identität und des beruflichen Engagements bei, noch lässt sich mit diesen Berufen und ihrem schwachen Identifikationspotenzial eine hohe Arbeitsproduktivität erreichen. Die Modernisierung der Berufe auf der Grundlage des Konzepts der Kernberufe sowie der skizzierten Methode zur Ermittlung der I-E-Profile ist ein wirksamer Beitrag zur Erhöhung der Attraktivität der dualen Berufsausbildung für Auszubildende und für die Unternehmen.

Berufsorientierende Bildung

Als eine Schwäche der dualen Berufsausbildung gilt der relativ hohe Anteil von ca. 25 % der Auszubildenden, die ihre Berufsausbildung abbrechen. Dazu trägt allerdings nur eine eher kleine Gruppe von Berufen mit sehr hohen Abbrecherquoten bei. Als die wichtigsten Ursachen für das Abbrechen einer Ausbildung gelten die unterentwickelte berufsorientierende Bildung, eine Unter- oder Überforderung durch den gewählten Beruf sowie vor allem die als unzureichend erlebte Qualität der Betreuung durch die Ausbilder in den Berufen mit den (sehr) hohen Abbruchquoten. Berücksichtigt man, dass ein großer Teil der Auszubildenden nach Auflösung des Ausbildungsvertrages sich erneut für eine duale Berufsausbildung entscheidet, dann reduziert sich die tatsächliche Abbrecherquote auf eher 10 % oder weniger.

Beispiele: Bei einer umfangreichen Erhebung zur Berufsorientierung und zur beruflichen Identität unter Einbeziehung einer großen Zahl von Berufen wurde von den Auszubildenden der Beruf des Zahntechnikers in der Phase der Berufsorientierung am niedrigsten bewertet. Bei der Bewertung derselben Berufe durch Auszubildende des zweiten und dritten Ausbildungsjahres erreichte dann jedoch der Zahntechniker die höchste Attraktivität sowie das am höchsten ausgeprägte Identifikationspotenzial.

In einem Interview mit einer Schülerin, die sich im Rahmen eines Praktikums in der Verwaltung unseres Instituts (einer zentralen Forschungseinrichtung der Universität Bremen) einen Eindruck über den Beruf einer Verwaltungsangestellten im öffentlichen Dienst verschaffen wollte, antwortete sie auf meine Frage, ob sie sich schon für einen Ausbildungsberuf entschieden, habe, mit: *„Ich werde mich entweder für eine Ausbildung als Kfz-Mechatronikerin oder für eine Ausbildung zur Verwaltungsangestellten im öffentlichen Dienst bewerben"*. Diese Antwort überraschte mich sehr, da beide Ausbildungsberufe kaum weiter auseinanderliegen könnten. Beim Fortgang des Gespräches stellte sich heraus, dass diese Schülerin vor ihrem jetzigen Praktikum in der Universitätsverwaltung ein erstes Praktikum in einem handwerklichen Kfz-Betrieb absolviert hatte.

Beide Beispiele bestätigen die Untersuchungsergebnisse zur Qualität der Berufsorientierung und der berufsorientierenden Bildung einer OECD-Studie, wonach Deutschland im internationalen Vergleich der OECD-Länder auf einem der hinteren Ränge rangiert.[85] Außerdem zeigt das mittlere Alter der Auszubildenden in der Schweiz und in Österreich, dass die Auszubildenden in beiden Ländern um 2–3 Jahre jünger sind als in Deutschland. Diese Differenz ist nur zu einem geringeren Teil auf den relativ hohen Anteil an Abiturienten in der dualen Berufsausbildung Deutschlands zurückzuführen. In beiden Nachbarländern gelingt ein nahezu nahtloser Übergang von der Schule in die Berufsausbildung. In Deutschland hat sich dagegen ein Wildwuchs von Qualifizierungsmaßnahmen herausgebildet, die irreführend als „Übergangssystem" bezeichnet werden. Mit dieser Bezeichnung wird suggeriert, als handle es sich um einen etablierten Zweig des deutschen Bildungssystems.

Die Konsequenzen, die aus dieser Schwäche der Berufsorientierung zu ziehen sind, liegen auf der Hand:
1. die Einführung einer bundesweiten berufsorientierenden und -vorbereitenden Bildung vom Kindergarten bis zum Abschluss der schulischen Bildung, die gymnasiale Bildung eingeschlossen;
2. Es wäre wünschenswert in der vorschulischen Bildung nicht nur das sehr erfolgreiche Projekt *„Haus der kleinen Forscher"* anzubieten, sondern dieses auszuweiten zu einem *„Haus der kleinen Forscher und Meister"*.
3. Eine international vergleichende Studie zur Identifizierung der erfolgreichen Konzepte der Berufsorientierung wäre eine gute Grundlage für die Einführung einer wirksameren berufsorientierenden Bildung. Diese würde zu einem nahtlosen Übergang von der Schule in die Berufsbildung, die Erhöhung der Attraktivität der dualen Berufsausbildung und das Absenken der viel zu hohen Abbrecherquote beitragen.

Lernortkooperation

Für die Qualität der dualen Berufsausbildung ist die Kooperation der beiden Lernorte Betrieb und Schule auf der Grundlage eines gemeinsamen integrierten Berufsbildungsplanes (Curriculums) und der Steuerung des beruflichen Bildungssystems „aus einer Hand" eine wichtige Voraussetzung. Beide Qualitätsmerkmale sind zum Beispiel für das Schweizer und dänische duale Berufsbildungssystem gegeben. Die deutsche Variante der Lernortkooperation wird dadurch geschwächt, dass auf der Grundlage des in der Verfassung verankerten Kooperationsverbotes (zwischen Bund und Ländern) getrennte gesetzliche Regelungen für das berufsschulische Lernen und die betriebliche Berufsausbildung gelten. Das Berufsbildungsgesetz (ein Bundesgesetz) ist als ein Gesetz der „Wirtschaftsverfassung" angelegt, da der Bund über keine gesetzgeberischen Zuständigkeiten im Bereich der Bildung verfügt. Die auf *Kooperation angelegte duale Berufsausbildung* mit einem Kooperationsverbot (!) zu belasten, schwächt ihre Qualität und Attraktivität ganz entscheidend. Bei der Bewertung der Qualität der dualen Berufsausbildung durch die Auszubildenden werden die strukturelle und inhaltliche Qualität der Lernortkooperation (als zwei von insgesamt acht Qualitätskriterien) als die mit Abstand schwächsten Qualitätskriterien eingestuft. Wenn die Steuerung der beruflichen Bildung „aus einer Hand" gegeben ist, dann entfällt diese Schwäche. Dies zeigt sich sehr deutlich am Beispiel der Schweiz. Diese hat 1999 die verfassungsrechtlichen Voraussetzungen für ein nationales Berufsbildungsrahmengesetz (BBG) geschaffen. Das BBG bildet die Grundlage für die Gestaltung und Organisation aller Formen der beruflichen Bildung. Mit diesem Bundesgesetz wurden auch die Voraussetzungen für eine *integrierte plurale* Steuerung des Schweizer Berufsbildungssystems geschaffen.

Beispiel: Steuerung der dualen beruflichen Bildung im internationalen Vergleich[86]

Mit einer international vergleichenden Analyse und Evaluation wurden die Stärken und Schwächen der dualen Berufsbildungssysteme Dänemarks, Deutschlands, Österreichs und der Schweiz miteinander verglichen. Der Schwerpunkt der Studie bezog sich auf die Steuerungs- und Unterstützungssysteme, da vor allem diese über die Qualität der beruflichen Bildungssysteme entscheiden. Das methodische Instrumentarium basiert auf einem Untersuchungsraster, das nach zwei übergeordneten Dimensionen des pluralen Steuerungsprozesses differenziert. Die erste Dimension: Integration des Steuerungssystems, differenziert nach

4.1 Die duale Berufsausbildung: die erste Stufe des dualen Bildungsweges

dem Grad der Abstimmung zwischen den verschiedenen Institutionen und Akteuren, die an der Steuerung der dualen Berufsbildung beteiligt sind. Die zweite Dimension: Steuerungsmodus (Input- versus Output-Steuerung), bezeichnet das zentrale Prinzip, das dem Handeln der Akteure/Institutionen zu Grunde liegt:

Die Dimension 1: Integration des Steuerungssystems umfasst die Indikatoren

- Vorhandensein abgestimmter rechtlicher Regelungen,
- Zusammenwirken von Akteuren,
- Balance zwischen den steuerungsrelevanten Politikfeldern,
- Verteilung der strategischen und operativen Funktionen.
- Die Dimension 2: Steuerungsmodus (Input- versus Output-Steuerung) umfasst die Indikatoren
- Ergebnisorientierung,
- Normenorientierung.

Zusammenfassende Ergebnisse zur Steuerung der dualen Berufsbildungssysteme in Dänemark, Deutschland, Österreich und der Schweiz (→) Abb. 28

Bei der Verortung der vier betrachteten Berufsbildungssysteme zeigt sich, dass in Deutschland die Fragmentierung der Steuerung besonders ausgeprägt ist, während sowohl Dänemark als auch die Schweiz ein hohes Maß an koordinierter pluraler Steuerung aufweisen. Dänemark ist mit einem Wert von 7,8 auf der Achse „Koordinierung/Fragmentierung" und 2,3 auf der Achse „Input/Output" dem Typus der koordinierten Output-Steuerung zuzuordnen. Für Deutschland (4,4; 6,3) ergibt die Auswertung eine schwache Koordinierung und ein deutliches Übergewicht der Input-Orientierung. Österreich (6,0; 5,4) zeigt eine stärkere, jedoch noch verhältnismäßig niedrige Koordinierung und ein ausgewogenes Verhältnis von Input- und Output-Steuerung. In der Schweiz (7,0; 5,1) ist die Koordination hingegen bereits deutlich ausgeprägt und reicht an den dänischen Wert heran. Hinzu kommt hier ein ausbalanciertes Verhältnis von Input- und Output-Steuerung, sodass die Schweiz dem im vorigen Abschnitt beschriebenen optimalen Steuerungsmodell am nächsten kommt.

Besonders hervorzuheben ist dabei, dass die Schweiz mit ihrer ausgeprägten föderalen Struktur und mit den drei Sprachregionen über ein koordiniertes duales Berufsbildungssystem verfügt. Zudem sind die Zuständigkeiten zwischen der nationalen, regionalen und lokalen Ebene so verteilt, dass nach dem Grundsatz der Subsidiarität eine gute Balance in der Wahrnehmung von strategischen und operativen Aufgaben gelungen ist.

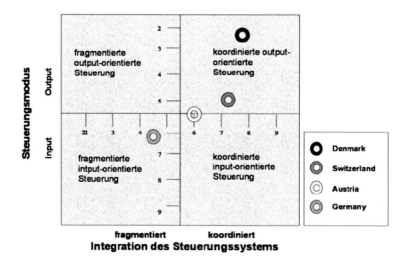

Abb. 28: *Steuerung der dualen Berufsbildungssysteme im Ländervergleich (kumulierte Ergebnisse der Expertenworkshops)*

Die Fachhochschulreife

Als ein Schritt zur Erhöhung der Durchlässigkeit zwischen beruflicher und hochschulischer Bildung war die Einführung der Fachhochschulreife (FHR) gedacht. Die FHR ist eine Variante des Abiturs. Sie berechtigt zum Studium aller Fächer. Seit die FHR nicht mehr an eine duale Berufsausbildung gebunden ist, wird damit das konsekutive Modell der aufeinander aufbauenden beruflichen Erstausbildung und der fachhochschulischen- bzw. Bachelorstudiengänge aufgegeben. Dies hat zur Herausbildung einer parallelen Struktur von dualer Berufsausbildung nach dem BBiG und hochschulischen dualen Studiengängen (ebenfalls berufliche Erstausbildung) beigetragen. Eine Rückkehr zu einer berufsbezogenen Hochschulreife, die nur im Zusammenhang mit einer dualen Berufsausbildung erworben werden kann, erlaubt es, wieder deutlich zwischen dem Niveau der beruflichen Bildung auf dem Niveau der Sekundarstufe II und den tertiären berufsqualifizierenden Studiengängen der höheren Berufsbildung zu unterscheiden. In der Praxis würde eine solche Regelung

- zur Erhöhung der Attraktivität der dualen Erstausbildung,
- zur Erhöhung der Durchlässigkeit zwischen beruflicher und hochschulischer Bildung sowie
- zu einer höheren Qualität berufsqualifizierender hochschulischer Bildungsgänge beitragen.

4.2 Höhere berufliche Bildung auf Meister- und Bachelorniveau

Die Etablierung einer höheren beruflichen Bildung auf Bachelor- und Meisterniveau kann an eine Vielfalt mehr oder weniger verwandter Bildungsgänge anknüpfen, die über unterschiedliche Potenziale verfügen:
- die Weiterbildung zum Meister und Fachwirt sowie vergleichbarer nach BBiG geregelter Qualifikationen,
- diverse Fachschultypen, die sich in ihrer Form, ihrer formalen Curriculumstruktur und ihrer Qualität deutlich unterscheiden,
- Berufsakademien (einschließlich der DHBW) sowie
- eine Vielfalt dualer BA-Studiengänge.

4 Architektur paralleler Bildungswege

Weiterbildung zum Meister in Industrie und Handwerk
Die Meisterprüfung für ein meisterpflichtiges Handwerk ist in der Handwerksordnung und die für Industriemeister im BBiG geregelt. Für das Handwerk hat die Meisterschaft eine besondere Bedeutung, da 41 der 94 Handwerke *meisterpflichtig* sind. Für die Leitung eines meisterpflichtigen Betriebes ist die Meisterprüfung eine Voraussetzung. Diese Regelung hat zur Folge, dass mit über 20.000 Meisterprüfungen pro Jahr im Handwerk ca. doppelt so viele Fachkräfte zum Meister weitergebildet werden als zum Industriemeister. Außerdem entfallen von den ca. 11.000 Industriemeisterprüfungen alleine 6.200 auf das Berufsfeld Metalltechnik und 1.700 auf das Berufsfeld Elektrotechnik (2016). In den anderen Berufsfeldern ist die Qualifizierung zum Industriemeister weniger etabliert.

Die Meisterqualifikation wird nicht durch eine Prüfung am Ende einer durch eine Weiterbildungsordnung (ein Curriculum) geregelte Weiterbildung erworben, sondern auf der Grundlage der gesetzlichen Regelungen für die Meisterprüfung in Handwerk und Industrie. Geregelt sind die Zulassungsvoraussetzungen, die Inhalte sowie die Durchführung der Meisterprüfung. Für die Vorbereitung auf die Prüfung bieten vor allem die Organisationen des Handwerks und der Industrie ein entsprechendes Spektrum von Vorbereitungskursen an. Eine Verpflichtung zur Teilnahme besteht nicht.

Die Meisterprüfung im Handwerk umfasst vier Teile:
- Teil I: den Nachweis wesentlicher Tätigkeiten im entsprechenden Handwerk,
- Teil II: die erforderlichen fachtheoretischen Kenntnisse,
- Teil III: die erforderlichen betriebswirtschaftlichen, kaufmännischen und rechtlichen Kenntnisse,
- Teil IV: die erforderlichen berufs- und arbeitspädagogischen Kenntnisse.

In den Prüfungsordnungen für die verschiedenen Gewerke (Handwerk) und Fachrichtungen bzw. Branchen (Industrie) wird festgelegt, welche

4.2 Höhere berufliche Bildung auf Meister- und Bachelorniveau

Fertigkeiten und Kenntnisse zu überprüfen sind, welche Anforderungen an die Meisterprüfung zu stellen sind und welche Verfahrensregeln bei der Durchführung der Prüfung einzuhalten sind, sodass das Prüfungsergebnis zeigt, ob der angehenden Meister in der Lage ist (im Handwerk) ein Handwerk meisterhaft auszuüben und selbstständig zu führen sowie Lehrlinge ordnungsgemäß auszubilden.

In einer Industriemeisterprüfung wird überprüft, ob der Kandidat dazu befähigt ist, Führungsaufgaben in einem Industriebetrieb (in seinem Fachgebiet) zu übernehmen.

Zur Meisterprüfung wird zugelassen, wer eine einschlägige duale Berufsausbildung absolviert hat und über eine in der Regel dreijährige Berufspraxis verfügt. Eine Vielzahl spezieller Regelungen zur Anerkennung von Praxiserfahrungen führt zu einer gewissen Unübersichtlichkeit der Zulassungspraxis.

Die Stärke der Meisterschaft liegt in der über Jahrhunderte geprägten Tradition der Qualifizierung für die Leitung handwerklicher Unternehmen und die Ausbildung von Lehrlingen sowie die davon abgeleiteten Kompetenzprofile für Industriemeister. Nachdem vom europäischen Qualifikationsrahmen abgeleiteten deutschen Qualifikationsrahmen werden Meister nach dem Qualifikationsniveau 6 eingestuft und damit den Absolventen von Bachelorstudiengängen gleichgestellt. Diese Regelung hat eine Bedeutung für die Besoldung, sie bedeutet jedoch nicht, dass Meister zu einem Masterstudium zugelassen werden.

Durch die Novellierung der Handwerksordnung 2004 wurde die Zahl der meisterpflichtigen Handwerke von 94 auf 41 reduziert. Dadurch wurden die Ausbildung von Führungskräften für das Handwerk sowie der Umfang der handwerklichen Berufsausbildung geschwächt. Handwerksbetriebe, die seither ohne Meister geführt werden, beteiligen sich kaum noch an der Berufsausbildung.

Die Europäische Kommission hat 2004 unter Berufung auf die für die Europäische Union festgelegte
1. Freizügigkeit der Arbeitnehmer und
2. die Niederlassungsfreiheit

4 Architektur paralleler Bildungswege

die Bundesregierung aufgefordert, zu überprüfen, wie durch die Abschaffung des Meisterprivilegs sowie durch „*weniger rigide Vorschriften*" für die berufliche Bildung die Freizügigkeit der Arbeitnehmer aus den angrenzenden europäischen Ländern sowie die Gründung handwerklicher Unternehmen durch Fachkräfte aus anderen EU-Ländern unterstützt werden könne. Später hat die Europäische Union mit der Etablierung des Programms „Jugendgarantie", mit dem die G20-Empfehlung zur Einführung der dualen Berufsbildung aufgegriffen wurde, eine deutliche Kehrtwende in ihrer Berufsbildungspolitik eingeleitet und dabei auch die Rolle der Meister als Ausbilder gewürdigt.

Eine Vereinbarung der KMK, Meister generell zum Hochschulstudium zuzulassen und sie damit mit Abiturienten gleichzustellen, hat – anders als erwartet – nicht zur Aufwertung der „Meisterschaft" beigetragen, da die Meisterqualifikation als gleichwertig mit einer in einem Bachelorstudiengang erworbenen Qualifikationen gilt.

Bei der Einstufung einer Meisterprüfung für die Gestaltung der Durchlässigkeit im Bildungssystem herrscht Unsicherheit, da bisher kaum Untersuchungsergebnisse über das Kompetenzniveau und die Kompetenzprofile von Meistern vorliegen. Eine Anhebung der Qualität der etablierten Formen der Weiterbildung zum Meister für Industrie und Handwerk wird durch die Ergebnisse einer Fallstudie nahegelegt, mit der die berufliche Kompetenz von Kfz-Meistern mit der von Auszubildenden (Kfz-Mechatronikern) verglichen wurde.

Beispiel: *Fallstudie COMET Kfz-Meister (Hessen)*[87]

In das COMET-Projekt Kfz-Mechatroniker (Hessen) wurden zwei Meisterkurse mit insgesamt 32 „Meisterschülern" einbezogen. Aufgrund der kleinen Stichprobenzahl sind die Ergebnisse nicht repräsentativ. Ziel der Studie war es,

1. Tendenzen in den Ausprägungen der Kompetenzprofile und der Kompetenzniveaus der Testgruppen, der Kfz-Meisterschüler zu ermitteln und

4.2 Höhere berufliche Bildung auf Meister- und Bachelorniveau

2. die Untersuchungsergebnisse mit denen der Auszubildenden (Kfz-Mechatroniker des zweiten und dritten Ausbildungsjahres) zu vergleichen.
3. Die Daten sollen einen ersten Eindruck von den Stärken und Schwächen der Meisterkurse vermitteln sowie Anhaltspunkte für eine Verbesserung des Weiterbildungskonzeptes ergeben.

Die Testergebnisse

Kfz-M1 und Kfz-M2 erreichen einen Gesamtpunktwert (GPW) von 42,8 und die Meisterschüler 31,6.

Sie liegen damit an den Positionen 3 und 20 (Gesamtpunktwert – GPW) der Rangreihe aller beteiligten Kfz-Mechatronikerklassen des Kfz-Projektes sowie an den Positionen 5 und 16 in Bezug auf das Kompetenzniveau 3 (ganzheitliche Gestaltungskompetenz) (→ Abb. 29). Diese Ergebnisse sind allerdings nicht repräsentativ, da sie sich auf kleine Fallzahlen beziehen. Sie eignen sich jedoch, um Tendenzen zu identifizieren, die dann in einer größer angelegten Erhebung näher untersucht werden müssen.

Die Kompetenzprofile (→ Abb. 30) der Kfz-Meisterschüler und der Kfz-M-Auszubildenden weisen eine auffällige Ähnlichkeit auf. Es zeigen sich deutliche Schwächen bei der Berücksichtigung der umweltbezogenen, der auf Arbeits- und Gesundheitsschutz sowie der auf Arbeitssicherheit bezogenen Lösungsaspekte. Das bedeutet, dass die entsprechenden Vorschriften und Regeln, die bei der Bearbeitung der Arbeitsaufgaben berücksichtigt werden müssen, weitgehend außer Acht gelassen werden. Der hohe Grad der Übereinstimmung der Kompetenzprofile der Auszubildenden und der Meisterschüler kann darauf zurückgeführt werden, dass die Dozenten für die fachtheoretischen Meisterkurse Lehrkräfte der örtlichen beruflichen Schulen waren. Die Lehrkräfte haben ganz offensichtlich die Meisterkurse ebenso gestaltet wie ihren fachkundlichen Unterricht für die Auszubildenden des Kfz-Mechatronikerhandwerks. Diese Interpretation kann sich auf eine mittlerweile bestätigte Hypothese stützen, wonach Lehrkräfte und Dozenten beruflicher

4 Architektur paralleler Bildungswege

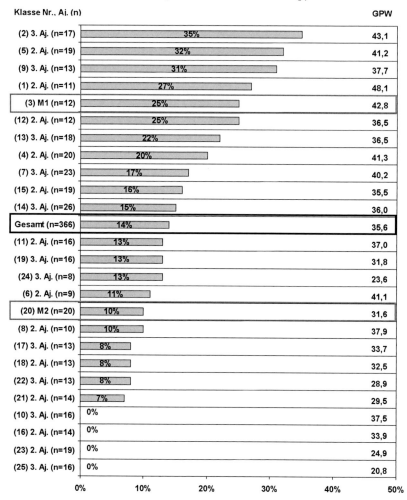

Abb. 29: *Gestaltungskompetenz der Kfz-Testgruppen(Klassen) (2011) und der beiden Meisterklassen Kfz-M1 und Kfz-M2*

4.2 Höhere berufliche Bildung auf Meister- und Bachelorniveau

Bildungsgänge unbewusst ihre Problemlösungsmuster sowie ihr berufliches Fachverständnis auf ihre Auszubildenden und Studierenden übertragen, ohne sich dessen bewusst zu sein.

Die Kompetenzprofile: Kfz-Mechatroniker(A) und Kfz-Meister(-schüler)

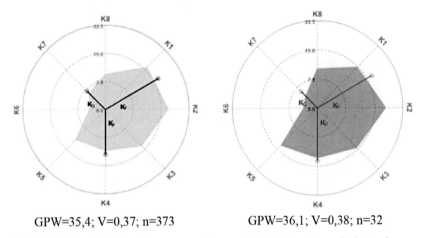

GPW=35,4; V=0,37; n=373 GPW=36,1; V=0,38; n=32

Abb. 30: Durchschnittliche Kompetenzprofile von Kfz-Mechatronikern (links) und Meisterschülern (Kfz-M) (rechts)

Betriebliche Aus- und Weiterbildungspraxis

Über das Lernen im Arbeitsprozess gehen die Bewertungen der Meisterschüler auseinander. Nur ca. die Hälfte von ihnen fühlt sich durch die Übertragung verantwortungsvoller Aufgaben in ihrer Aus- und Weiterbildung gefördert. Entsprechend liegt die Vermutung nahe, dass das Potenzial des Lernens in qualifizierenden – die Kompetenzentwicklung fördernden – Arbeitsprozessen bei der Qualifizierung für die Meisterprüfung nicht ausgeschöpft wird. Ließen sich diese Befunde in einer größer angelegten Erhebung bestätigen, so würde dies für eine systematische Einarbeitung in die Meisteraufgaben, parallel zu den Meisterkursen, als didaktisches Konzept sprechen.

4 Architektur paralleler Bildungswege

Da die Qualifizierung zum Meister nicht auf der Grundlage einer *Weiterbildungsordnung* erfolgt, sondern lediglich auf der Basis einer *Prüfungsordnung*, kann unterstellt werden, dass in vielen Fällen eine systematische Einarbeitung der angehenden Meister in ihre zukünftige Meisterposition nicht stattfindet.

Mit dieser Fallstudie zur Evaluation der Weiterbildung zum Kfz-Meister wurden tendenzielle Stärken und Schwächen des Qualifizierungskonzepts sichtbar. Neben einer größer angelegten Studie, die eine Quantifizierung der Ergebnisse erlaubt, konnten bereits erste Interventionsmöglichkeiten zur Weiterentwicklung dieser wichtigen Tradition beruflicher Weiterbildung aufgezeigt werden. Die nachfolgenden vier Empfehlungen beziehen sich dabei auf inhaltliche, didaktisch-methodische und organisatorische Aspekte:

1. Das COMET-Kompetenzmodell bietet die Möglichkeit, das didaktisch-methodische Konzept der Weiterbildung gezielter als bisher am Konzept der vollständigen (holistischen) Lösung beruflicher Aufgaben zu orientieren.
2. Durch die Einführung informeller Tests, die auf der Grundlage des COMET- Messverfahrens basieren, können frühzeitig Stärken und Schwächen der Ausbildung bei den Weiterbildungsteilnehmern identifiziert und mit diesen besprochen werden.
3. Es liegt nahe, in die Meisterprüfungen auch Prüfungsaufgaben zu integrieren, die auf dem COMET-Kompetenzmodell basieren.
4. Die Beteiligung des Lernorts „Betrieb" an der Weiterbildung vom Gesellen zum Meister würde die Effizienz der Meisterbildung deutlich erhöhen.

Fachschulen

Die Integration der Vielfalt von Fachschulen in einen durchgängigen dualen Bildungsweg auf Bachelorniveau basiert auf zwei Überlegung,
1. Fachschulen durchgängig als duale dreijährige Studiengänge zu gestalten (nach dem Vorbild der „Höheren Fachschulen der Schweiz")

4.2 Höhere berufliche Bildung auf Meister- und Bachelorniveau

und diese wahlweise berufsbildenden Schulen oder Hochschulen zuzuordnen,
2. unter dem Dach eines Berufsbildungsrahmengesetzes des Bundes, das für alle Formen beruflicher Bildung gilt, wird eine integrierte plurale Steuerung eingeführt.

Dies würde zum Beispiel für die Ausbildung von Pflegefachkräften und Erzieher(-innen) bedeuten, deutlich zwischen eine dualen Erstausbildung und der darauf aufbauenden höheren beruflichen Bildung in dreijährigen dualen Fachschulen/Bachelorstudiengängen zu unterscheiden. Die Fachschulen sind angesiedelt im Spannungsfeld beruflicher und (fach-)wissenschaftlicher Orientierung der Inhalte und Ziele des Fachschulstudiums (Abb. 31).

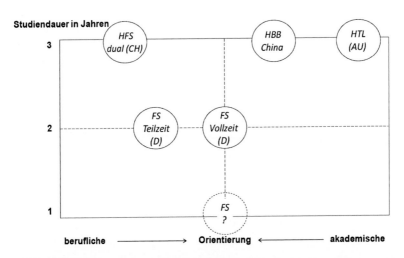

Abb. 31: Fachschulen auf der Suche nach einem Ort in den Bildungssystemen

Sie werden in der Regel der post-sekundaren (und nicht der tertiären) Bildung zugeordnet. Damit repräsentieren sie ein Qualifikationsniveau zwischen der beruflichen Erstausbildung und der tertiären (hochschulischen) Bildung. Die Fachschulen sollen für die erste Ebene von Führungskräften sowie für die berufliche Selbstständigkeit qualifizieren.

4 Architektur paralleler Bildungswege

Für die deutsche Variante der Fachschulen gilt in der Regel eine berufliche Erstausbildung sowie eine einjährige Berufspraxis als Zulassungsvoraussetzung für ein zweijähriges Studium (Vollzeit). Die Fachschulen sind meist an berufsbildenden Schulen angesiedelt. Ein fachschulisches Studium wird auch als Vorbereitung für die Meisterprüfung angeboten.

Die dualen Höheren Fachschulen der Schweiz erreichen mit ihrer dreijährigen Studiendauer ein Kompetenzniveau, das von dreijährigen Bachelorstudiengängen nur erreicht werden kann, wenn sie wie die Schweizer Fachhochschulen als Studienvoraussetzung eine einschlägige Berufslehre plus das berufsbezogene Abitur voraussetzen. In den dreijährigen dualen fachschulischen Studiengängen wird die Berufsfähigkeit erreicht. Berücksichtigt man, dass eine Berufslehre (duale Erstausbildung) als Eingangsvoraussetzung gilt, dann beträgt der zeitliche Umfang dieses dualen Qualifizierungsweges ca. sechs bis sieben Jahre.

Es bietet sich an, die in Deutschland verbreitete Teilzeitform fachschulischer Studiengänge nach dem Schweizer Modell zu dreijährigen dualen fachschulischen Studiengängen weiterzuentwickeln.

In den zweijährigen fachschulischen Studiengängen, die auf der dualen Berufsausbildung und einer ein- bis zweijährigen (ungeregelten) Berufspraxis aufbauen, vollzieht sich mit einer gewissen Zwangsläufigkeit im rein schulischen Lernmilieu ein Perspektivwechsel von einer Berufs- und Arbeitsprozessorientierung der Erstausbildung hin zu einer fachsystematischen Orientierung der Lehrinhalte. Zugleich haben zahlreiche Bundesländer das Lernfeldkonzept, das 1996 von der KMK für die duale Berufsausbildung vereinbart wurde, auch für die Fachschulen übernommen. Die didaktische Orientierung an komplexen Aufgabenstellungen aus den beruflichen Handlungsfeldern legt die Einführung des Lernfeldkonzeptes nahe.

Die nach den Bildungsgesetzen der Länder strukturierten Fachschulen sind mit einem Dilemma konfrontiert. Sie sind nicht Teil der nach dem Berufsbildungsgesetz geregelten beruflichen Aus- und Weiterbildung, sondern Teil des schulischen Bildungssystems. Zugleich sprechen die nahezu identischen Zulassungsvoraussetzungen wie die zur Meis-

4.2 Höhere berufliche Bildung auf Meister- und Bachelorniveau

terprüfung dafür, die schulische Form des Fachschulstudiums durch ein duales Studienkonzept zu ersetzen, da die im Rahmen der dualen Erstausbildung erworbene Praxiskompetenz im Verlaufe der schulischen Weiterbildung nicht erweitert werden kann. Die bereits erworbene Praxiserfahrung verblasst im fach*schulischen* Lernprozess. Die Projekte der Kompetenzdiagnostik (COMET), an denen Fachschulstudierende teilgenommen haben, zeigen, dass die Studierenden der Teilzeitvariante des Fachschulstudiums daher auch über die höhere berufliche Kompetenz verfügen.

Die Regelung, dass mit dem Fachschulstudium auch die Fachhochschulreife erworben werden kann, stuft die Fachschulen auch formal herunter auf einen ein „richtiges" Studium vorbereitenden Bildungsgang.

Diese institutionellen Rahmenbedingungen der zweijährigen Fachschulen tragen zu einer Stagnation der beruflichen Kompetenzentwicklung bei.[88] Dagegen ist ein am beruflichen Handlungs- und Lernfeldkonzept orientiertes duales dreijähriges Fachschulstudium ein vollwertiges Bachelorstudium. Duale fachschulische Studiengänge eignen sich besonders für die Etablierung einer Doppelqualifikation, z. B. als Techniker/Diplom-Ingenieur (FS) und Meister. In einem dualen Fachhochschulstudium, das den Anforderungen an eine Qualifizierung auf dem Niveau Bachelor (Professional) genügt, müssen die Kriterien gelten, die bereits für das duale Fachhochschulstudium begründet wurden. Daher spricht alles dafür, die dreijährige duale Fachschule als duale Bachelorstudiengänge zu etablieren. Die Gestaltung, Organisation und Steuerung der dualen Bachelorstudiengänge nach einem entsprechenden novellierten Berufsbildungsgesetz und der Möglichkeit, auf diesem Weg zugleich den Meisterbrief zu erwerben, wäre ein Schritt zur Aufwertung der Qualifizierung von Fach- und Führungskräften im Irrgarten zwischen der Sekundarstufe II und den etablierten berufsorientierten hochschulischen Bildungsgängen.

4 Architektur paralleler Bildungswege

Beispiel: *Stagnation der Kompetenzentwicklung beim Übergang von der dualen Berufsausbildung zum Fachschulstudium – und wie sie überwunden werden kann*

Mit den Methoden der COMET-Kompetenzdiagnostik wurde die Datenbasis für die Lehr-Lernforschung für die berufliche Bildung beträchtlich erweitert. Auf zwei der seither entdeckten und aufgeklärten neuen Erkenntnisse soll hier verwiesen werden, da sie für die Gestaltung eines durchgängigen dualen Bildungsweges von Bedeutung sind.

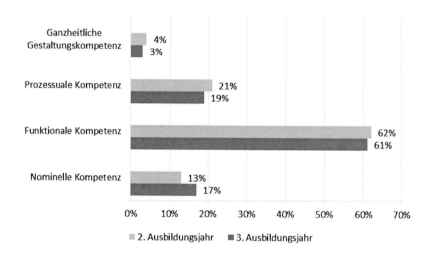

Abb. 32: Vergleich der Kompetenzprofile des 2. und 3. Ausbildungsjahres am Beispiel des Ausbildungsberufs Elektroniker für Betriebstechnik (Zwischenbericht COMET-Bd. I, 27)

In allen COMET-Projekten, die als Längsschnittuntersuchungen mit zwei ca. um ein Jahr auseinanderliegenden Testzeitpunkten angelegt sind, wird zum ersten Testzeitpunkt regelmäßig eine Stagnation der Kompetenzentwicklung der Auszubildenden vom 2. und 3. Ausbildungsjahr gemessen. Danach unterscheiden sich weder deren Kompetenzniveaus noch deren Kompetenzprofile (s. dazu ein charakteristisches Beispiel aus dem COMET-Projekt Hessen (Abb. 92 und 93 MHB). Es

4.2 Höhere berufliche Bildung auf Meister- und Bachelorniveau

wurde die Kompetenzentwicklung von Industriemechanikern (Auszubildende des 2. und 3. Ausbildungsjahres) gemessen. Sowohl die Verteilung auf die Kompetenzniveaus als auch die durchschnittlichen Kompetenzprofile der beiden Ausbildungsjahrgänge waren identisch.

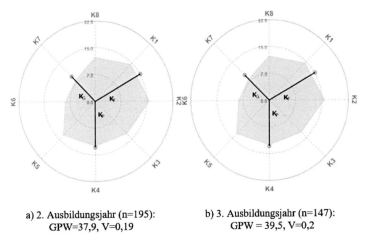

a) 2. Ausbildungsjahr (n=195):
GPW=37,9, V=0,19

b) 3. Ausbildungsjahr (n=147):
GPW = 39,5, V=0,2

Abb. 33: Durchschnittliche Kompetenzprofile Industriemechaniker 2011, nach Ausbildungsjahr

Zum zweiten Testzeitpunkt erreichten die Auszubildende des dritten Ausbildungsjahres zur Überraschung der Lehrkräfte ein deutlich höheres Kompetenzniveau (Abb. 95, MHB). Das Stagnationsphänomen hatte sich vollständig verflüchtigt.

Eine Zuspitzung erfuhr die Stagnationshypothese durch den Vergleich der Kompetenzprofile von 205 Auszubildenden (Industriemechanikern) mit 102 Fachschulstudierenden (einer vergleichbaren Fachrichtung).

Vergleicht man die Kompetenzprofile der Testgruppen (→ Abb. 35), dann zeigt sich, dass die Kompetenzprofile der Auszubildenden und der Fachschulstudierenden weitgehend übereinstimmen. Das Kompetenzprofil der Auszubildenden ist mit V=0,18 geringfügig homogener als

4 Architektur paralleler Bildungswege

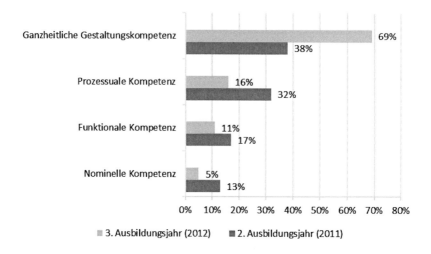

Abb. 34: *Vergleich der Kompetenzniveaus von Industriemechanikern im Längsschnitt (2. Ausbildungsjahr 2011 und 3. Ausbildungsjahr 2012)*

das der Studierenden mit V=0,25. Die Werte der Auszubildenden sind die des zweiten Testzeitpunktes.

Dieses Ergebnis deutet darauf hin, dass es auch beim Übergang von einer dualen Berufsausbildung zum Fachschulstudium zu einer Stagnation der Kompetenzentwicklung kommen kann. Bei der Interpretation des Testergebnisses der Fachschulstudierenden wurde berücksichtigt, dass alle am Test beteiligten Fachschulen an berufsbildenden Schulen angesiedelt sind, die auch am COMET-Projekt teilgenommen hatten, und dass die Lehrkräfte in der Regel sowohl die Auszubildenden als auch die Fachschulstudierenden unterrichteten. Das Untersuchungsergebnis bestätigt auch die „Transferhypothese". Danach transferieren die Lehrkräfte unbewusst ihr Fachverständnis auf ihre Schüler/Studierenden (Abb. 98, MHB). Diese wegweisende Erkenntnis wurde in einem chinesischen COMET-Projekt gewonnen (MHB, 219 f.).

Es liegt daher nahe, dass die Stagnation der Kompetenzentwicklung beim Übergang von der beruflichen Erstausbildung in das Fach-

4.2 Höhere berufliche Bildung auf Meister- und Bachelorniveau

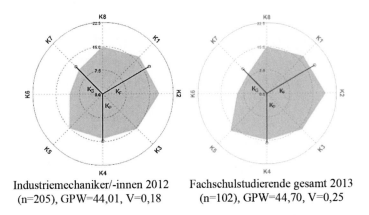

Industriemechaniker/-innen 2012
(n=205), GPW=44,01, V=0,18

Fachschulstudierende gesamt 2013
(n=102), GPW=44,70, V=0,25

Abb. 35: Vergleich von Durchschnittsprofilen von Auszubildenden und Fachschulstudierenden

schulstudium auch in diesem Fall auf den Transfereffekt zurückgeführt werden kann. Das im Laufe eines Jahres vermittelte neue Fachwissen führt zwar bei den Auszubildenden und Studierenden zu einer „horizontalen" Erweiterung des beruflichen Wissens. Das Kompetenzniveau stagniert jedoch, da die Lehrkräfte das neue Fachwissen auf einem für ihren Unterricht charakteristischen Kompetenzniveau und ihrem subjektiven Fachverständnis und Problemlösungsmuster vermitteln. Nehmen die Lehrkräfte jedoch an den COMET-Projekten teil und reflektieren die Testergebnisse ihrer Auszubildenden und Studierenden, dann erkennen sie sich in deren charakteristischen Kompetenzprofilen wieder. Da die Kompetenzprofile der Schüler/Studierenden „ihrer Klassen" stets ein charakteristisches Profil aufweisen, erkennen sie darin auch die Stärken und Schwächen ihres Unterrichts. Dies sowie die Reflektion der Testergebnisse in ihren Fachgruppen trägt ganz wesentlich zur Erweiterung ihres Fachverständnisses und zur Einführung von Lernformen bei, die sich am COMET-Kompetenzmodell orientieren.

In nahezu allen COMET-Projekten, die als Längsschnittuntersuchung mit zwei um ca. ein Jahr auseinanderliegenden Testzeitpunkten

4 Architektur paralleler Bildungswege

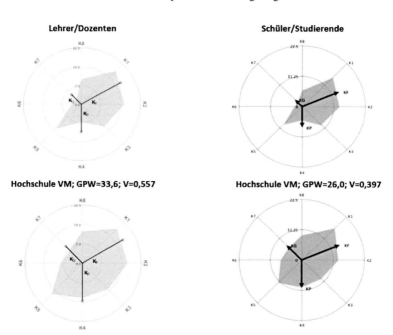

Abb. 36: Transfer von beruflichen Problemlösungsmustern von Lehrern auf ihre Schüler (Rauner2015, Abb. 6)

angelegt sind, verflüchtigte sich daher das Stagnationsphänomen zum zweiten Testzeitpunkt.

Es kann unterstellt werden, dass es in einem dualen fachschulischen Studium nicht zu einer Stagnation der Kompetenzentwicklung im Übergang von der beruflichen Erstausbildung zum (dualen) Fachschulstudium kommt, wenn die praktische Ausbildung der Studierenden auf Führungsaufgaben in einschlägigen Handlungsfeldern vorbereitet und im Studium – daran anknüpfend – auf der Grundlage entsprechender Lernfelder berufliche Handlungskompetenz auf Bachelorniveau vermittelt wird.

Fazit: Die Schweizer Variante der dreijährigen höheren (dualen) Fachschulen verfügt am ehesten über die Struktur einer beruflichen Weiterbildung auf Bachelor- bzw. Meisterniveau. Da nach diesem Modell der aufeinander aufbauenden beruflichen Erst- und Weiterbildung eine hinreichende Praxiserfahrung in der insgesamt sechs- bis siebenjährigen Qualifizierung bis auf das Niveau Bachelor (Professional) gegeben ist, kann eine zusätzliche Praxisphase zwischen Erst- und Weiterbildung entfallen. Ein umfassendes Bundesgesetz für alle Formen der beruflichen Bildung wäre auch für Deutschland die Grundlage für eine Aufwertung des Fachschulstudiums zu einer die Kriterien der beruflichen Bildung aufnehmenden Qualifizierung für Führungskräfte auf dem Niveau Bachelor (Professional).

Duales Fachhochschulstudium auf Bachelorniveau

Dem dualen Hochschulstudium auf Bachelorniveau fehlt durchgängig die rechtliche Grundlage für die Gestaltung und Organisation einer professionellen höheren Berufsbildung (→ Kap. 5). Die plurale Steuerung der höheren beruflichen Bildung in Hochschulen sowie die Entwicklung breitbandiger Kernberufe (Professionen und integrierter Curricula erfordern eine gesetzliche Verankerung der höheren beruflichen Bildung auf Bachelor- und Masterniveau in der Form berufsqualifizierender dualer Studiengänge in einem umfassenden Berufsbildungsgesetz für alle Formen beruflicher Bildung oder in einem entsprechend ergänzten Hochschulrahmengesetz. Letzteres würde auch eine entsprechende Verankerung in der Verfassung voraussetzen, da sich Art. 5 (3) nicht auf die berufliche Bildung an Hochschulen anwenden lässt. Die Steuerung der beruflichen Bildung „aus einer Hand" setzt voraus, die Rahmenkompetenz für die berufliche Bildung dem Bund zu übertragen. Für die „höhere berufliche Bildung" auf Hochschulniveau hätte dies den großen Vorteil, dass die hochschulische berufliche Bildung von dem Dilemma befreit werden kann, sich zugleich an drei nicht kompatiblen Leitbildern zu orientieren, (1) der aktiven Beteiligung an der Entwicklung der Wissenschaften, (2) dem problematischen Leitbild der Bologna-Reform: Employability (Berufsfähigkeit) und (3) der Leitidee der modernen Berufsbildung: Gestaltungskompetenz (→ 1.4).

4 Architektur paralleler Bildungswege

Nur die Leitidee der modernen Berufsbildung: *Befähigung zur Mitgestaltung der Arbeitswelt und der Gesellschaft in sozialer, ökologischer und ökonomischer Verantwortung*, verfügt über erprobte Methoden und Instrumentarien für die Qualitätssicherung und Qualitätsentwicklung in der beruflichen Bildung.

Auf einen wichtigen Effekt einer solchen Reform möchte ich noch einmal hinweisen. Von der nicht mehr überschaubaren Vielfalt berufsqualifizierender Studiengänge ist mittlerweile ein großer Teil auf dem Niveau nur noch *tätigkeits-(verrichtungs-)orientierter* Ausbildungsprofile abgesunken. Korrigiert werden kann dieser Trend der Marginalisierung dieser Studiengänge nur auf der Grundlage einer professionellen Berufsentwicklung für die höhere Bildung.

Eine besonders große Herausforderung besteht darin, die hochschulischen dualen Studiengänge so weiterzuentwickeln, dass sie sich in eine Architektur paralleler Bildungswege einfügen. Reinhold WEISS weist in seiner Analyse dualer Studiengänge auf die bisher ungelösten Probleme hin: „*Unter dem Label duales Studium wird (trotz einer zunehmenden Nachfrage sowohl bei Studienberechtigten als auch bei Unternehmen) in diesen eine Reihe von Angeboten gemacht, die dem Anspruch eines wissenschaftlichen Studiums nicht erfüllen. Auch bleibt die angestrebte Integration und Verzahnung beruflichen und akademischen Lernens allzu häufig auf der Strecke oder allein den Lernenden überlassen.*"[89] Über diese kritische Bewertung hinaus, habe ich in den Kapiteln 1–3 begründet, warum die Versuche scheitern mussten, die – wie WEISS es formuliert – berufliche und akademische Bildung miteinander zu verzahnen. Das wohl anspruchsvollste bildungspolitische Projekt, das in Deutschland je versucht wurde und gescheitert ist, war der Versuch, die gymnasiale und berufliche Bildung in einer integrierten Sekundarstufe II zusammenzufassen (→ 2.2).

Professionen

Das Beispiel der Meisterschaft zeigt, auf welchem Grad der fachlichen Differenzierung die Berufsbilder und Ausbildungsordnungen (Rahmen-

4.2 Höhere berufliche Bildung auf Meister- und Bachelorniveau

lehrpläne) entwickelt werden sollten. Die Steuerung und Gestaltung der hochschulischen dualen Ausbildung von Führungskräften auf der Grundlage eines erweiterten Berufsbildungsgesetzes müssen Regelungen zur Entwicklung und Evaluation der Berufsbilder (Professionen) enthalten. Eine neu einzurichtende Abteilung für die höhere berufliche Bildung an Fach- und Hochschulen am Bundesinstitut für Berufsbildung (BIBB) sowie am Institut für Arbeitsmarkt- und Berufsforschung (IAB) wären mit ihrer Berufs- und Curriculum-Forschung eine notwendige Korrektur für eine zu branchen- und gewerbespezifischen Ausdifferenzierung der Professionen.

Rahmenlehrpläne (Curricula)

Ein umfassendes Berufsbildungsgesetz würde auch die Entwicklung eines das Lernen an beiden Lernorten integrierenden Rahmenlehrplans (Curricula) ermöglichen. Dazu liegt mittlerweile ein international erprobtes Kompetenzmodell vor (→ 1.5), mit dem es gelungen ist, das von der KMK vereinbarte Konzept der an Lernfeldern orientierten Entwicklung von Rahmenlehrplänen für die berufliche Bildung zu operationalisieren. Zugleich bildet es die Grundlage für eine Kompetenzdiagnostik und eine an der Leitidee der Gestaltungskompetenz orientierte Form von Prüfungen – eine wichtige Voraussetzung für die Qualitätssicherung und Qualitätsentwicklung in der beruflichen Bildung.

- Grundlage für die Entwicklung der Rahmenlehrpläne sind die für die jeweiligen Professionen einfachen „bedeutsamen beruflichen Arbeitssituationen" als die Bezugspunkte für die in der Regel 15–20 Lern- und Handlungsfelder einer Profession.
- Die berufliche Kompetenzentwicklung – das Hineinwachsen in eine Profession – wird durch die nach dem Novizen-Experten-Paradigma strukturierten Rahmenlehrpläne unterstützt.
- Als neue Leitidee für die hochschulische berufliche Bildung bietet sich die von der KMK 1991 vereinbarte übergeordnete Zielstellung für die berufliche Bildung an. Damit sollte die mit dem Bologna-Prozess importierte Leitidee *Employability* aufgegeben werden.

- Die Beteiligung am Wissenschaftsprozess bleibt ein charakteristisches Merkmal hochschulischer Bildungsgänge. Für die dritte und vierte Stufe des durchgängigen dualen Bildungsweges wird unter Punkt 4.3 detaillierter ausgeführt, dass die hochschulischen Bildungsgänge über das Potenzial verfügen (und es sich aneignen müssen) das Zusammenhangswissen zu erforschen und neue Formen der transdisziplinären Forschung weiterzuentwickeln.

Beispiel: Die „Hochschule 21" (Buxtehude) verfügt über ein Modell eines doppelqualifizierenden Studienganges zum Ingenieur und zum Meister. Der in diesem Studiengang ausgebildete Ingenieur ist von seinem Kompetenzprofil her vergleichbar mit dem Bildungskonzept des Master of Industrial Engineering ($\rightarrow$ 4.3). Die Bachelorstudiengänge der Hochschule 21 sind insofern echte duale Studiengänge, da die praktische und theoretische Ausbildung auf demselben Kompetenzniveau angesiedelt ist und – im Idealfall – inhaltlich miteinander korrespondieren ($\rightarrow$ Abb. 37). Studenten, die eine Doppelqualifikation (Ingenieur und Meister) anstreben, verfügen auch über eine Berufsausbildung. Für die anderen Studenten ist nicht zwingend eine duale Berufsausbildung eine Voraussetzung für das duale Studium.

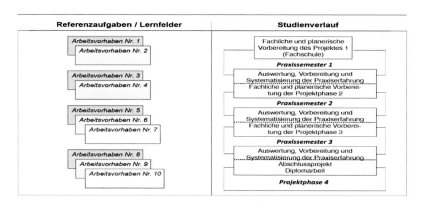

Abb. 37: Die didaktische Struktur für ein duales Studium an Fach- und Hochschulen

4.3 Die dritte Stufe: Berufsqualifizierende duale Masterstudiengänge

Für die Etablierung dualer Masterstudiengänge gelten vergleichbare Kriterien wie für die entsprechenden Studiengänge auf Bachelorniveau. Für die Absolventen der berufsqualifizierenden dualen Studiengänge gilt der akademische Grad „MA-*Professional*".

Bei der Einführung dualer Masterstudiengänge als dritte Stufe in einem durchgängigen dualen Bildungsweg bietet es sich an, in Anlehnung an das Konzept der breitbandigen Kernberufe entsprechende Professionen zu entwickeln. In der Regel dürfte sich eine konsekutive Weiterführung der einschlägigen Bachelorstudiengänge anbieten. Nach den (neuen) gesetzlichen Grundlagen werden zu auch hier die Berufsbilder unter Beteiligung der Organisationen der Arbeitswelt sowie der Berufsforschung entwickelt. Die offenen Berufsbilder können dann von den an der höheren Berufsbildung beteiligten Hochschulen im lokalen und regionalen Berufsbildungsdialog unter Berücksichtigung der Potenziale der zu beteiligten Unternehmen gestaltet werden. Die institutionalisierte Zusammenarbeit mit den Organisationen der Arbeitswelt gilt auch für die Durchführung der abschließenden Prüfung.

Beispiel: Dualer Ingenieur-Masterstudiengang (Auszug aus einem Bericht von F. J HEEG)[90]

Am arbeitswissenschaftlichen Institut der Universität Bremen (aib) wurde ein Studiengang „M. Eng. Industrial Engineering" erprobt. Im Wintersemester 2012/13 wurde dieser Weiterbildungsstudiengang eingerichtet. Es wurden Studierende aufgenommen, die bereits über eine einschlägige Berufserfahrung verfügten und organisations- und personalbezogene Führungs- bzw. Leitungsaufgaben anstrebten oder bereits ausübten. Diese Studenten verfügten über die Qualifikation von Meistern, Fachwirten oder eine Ausbildung und Berufspraxis als Techniker. Mehr als die Hälfte des Anteils dieser Studierendengruppe exmatrikulierte sich nach einer Studiendauer von weniger als drei Semestern im Studiengang Produktionstechnik. *„Die Gründe lagen zum überwiegen-*

den Teil in einer Unterschätzung der Anforderungen von grundlegenden Fächern wie Mathematik, Physik, technischer Mechanik usw." (112). Tab. 5 gibt einen Überblick über die Struktur, Studienbereiche und die Module des Studiengangs M. Eng IE.

Tab. 5: Struktur, Studienbereiche und Module des weiterbildenden Studiengangs M. Eng. IE (aus **Universität Bremen**)

Studienbereich 1: Grundlagenbereich Einführung in die Systematik systemischen Arbeitens (13 PT/9 CP) Wahlpflichtbereich General Studies Betriebs- und Sozialwissenschaft (e-Learning/6 CP) Projektarbeit (450 BS/15 CP)
Studienbereich 2: Vertiefungsbereich Industrial Engineering 1 + 2 (15 PT/12 CP) Führung und Organisation (11 PT/6 CP) Modellierung soziotechnischer Systeme (6 PT/6 CP) Industrielle Planungs- und Steuerungsmethoden (4 PT/6 CP)
Studienbereich 3: Ergänzungsbereich Führung, Kommunikation und Kooperation (9 PT/6CP) Methoden ingenieurgemäßen Arbeitens (3 PT/3 CP) Simulation betrieblicher Leistungserstellungsprozess (4 PT/3 CP) Kosten- und Leistungsrechnung und Controlling (3 PT/3 CP) Methodenweiterbildung (15 CP) (ausgewählte systemische und systemwissenschaftliche Methoden zur Aufgaben- und Problembearbeitung: Hier können einschlägige außeruniversitär erworbene Kenntnisse, die durch eine Abschlussprüfung dokumentiert sind, durch den Prüfungsausschuss anerkannt werden)
Studienbereich 4: Master-Abschlussarbeit Master-Abschlussarbeit und Kolloquium (900 BS/30 CP)
Abkürzungen: PT = Präsenztage; CP = Credit Points; BS = Bearbeitungsstunden

Der Projektleiter dieses Studiengangs Prof. Dr. Ing. F. J. HEEG entschied sich, die Möglichkeit zu nutzen, an einem Test des COMET-Projektes teilzunehmen, der ursprünglich für Auszubildende des zweiten und dritten Ausbildungsjahres von Industriemechanikern und Fachschulstudierenden entwickelt worden war. Die vier komplexen Testaufgaben (die Bearbeitungszeit pro Aufgabe beträgt maximal zwei Zeitstunden) wiesen nach Auffassung von HEEG mit ihrem eher produktionstechnischen Fachbezug eine ausreichende Affinität zu den berufli-

4.3 Die dritte Stufe: Berufsqualifizierende duale Masterstudiengänge

chen Kompetenzen der Studierenden auf, obwohl der Schwerpunkt des Masterstudiengangs eher arbeitswissenschaftlich (mit entsprechenden Bezügen zur Produktionstechnik) ausgerichtet war.

F. J. Heeg
Die Testergebnisse (Auszug)
Das COMET- Kompetenzmodell in der Anwendung im weiterbildenden Studiengang M. Eng. IE

Die bisherigen Ausführungen münden leicht in der Idee, hierbei das COMET-Kompetenzmodell einzusetzen. Einem diesbezüglichen Vorschlag von F. RAUNER folgend, wurde es exemplarisch an zwei Gruppen von Studierenden (elf aus dem weiterbildenden Studiengang M. Eng. IE, 18 aus dem konsekutiven Master-Studiengang Produktionstechnik in der Vertiefungsrichtung Industrielles Management) am Ende ihres Studiums erprobt.

Hierbei wurden Aufgaben verwendet, die im Rahmen anderer COMET-Projekte für den Metallbereich entwickelt (......) und auch von diesbezüglich erfahrenen Personen ausgewertet wurden.

Drei wichtige Einschränkungen müssen vor einer Betrachtung der Ergebnisse klar benannt werden: Die Anzahl der in die Untersuchung einbezogenen Studierenden ist sehr klein (es erfolgte jedoch keinerlei Auswahl). Es handelt sich bei den Testaufgaben um typische Aufgaben komplexer Art auf fachlichem (technologischem) Gebiet – nicht auf den intendierten Gebieten des Führens, Leitens und Koordinierens von vorwiegend nicht-technischen Fragestellungen. Es wurden über die Aufgaben Hinweise auf planerische Kompetenzen ermittelt, nicht auf Kompetenzen in realen bzw. simulierten Handlungssituationen.

Gemeinsamkeiten und Unterschiede in den beiden Gruppen zeigen sich am eindrucksvollsten in Abb. 38.

Der Mittelwert der Kompetenzwerte der nebenberuflich Masterstudierenden mit vorherigem Hochschulstudium liegt bei 62,59, der derjenigen ohne vorheriges Studium bei 53,36.

4 Architektur paralleler Bildungswege

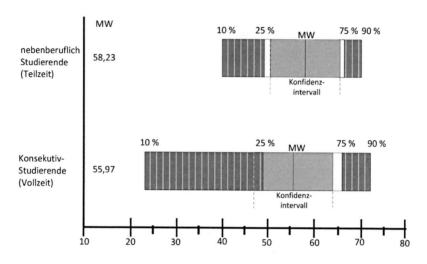

Abb. 38: *Perzentilbänder für die berufliche Kompetenz von 2 Studierendengruppen (Master mit dem Schwerpunkt Industrielles Management/Industrial Engineering)*

Tab. 6 zeigt weitere Kennwerte der beiden Studierendengruppen. Das durchschnittliche Kompetenzprofil aller Testteilnehmer des Studiengangs M. Eng. IE und das aller Testteilnehmer werden in Abb. 39 gezeigt.

Tab. 6: *Kompetenzniveau- und Gesamtpunktwertverteilung der Gruppe der Vollzeit- und der Teilzeitstudierenden*

Kompetenzniveauverteilung	Vollzeit- Studierende	Teilzeit-
ganzheitliche Gestaltungskompetenz	84	91
prozessuale Kompetenz	6	10
funktionale Kompetenz	6	–
nominelle Kompetenz	6	–
niedrigster Punktwert	10,16	36,50
höchster Gesamtpunktwert	78,83	71,66

4.3 Die dritte Stufe: Berufsqualifizierende duale Masterstudiengänge

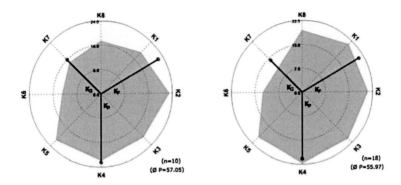

Abb. 39: *Durchschnittliches Kompetenzprofil aller Testteilnehmer des Studiengangs M. Eng. IE, Teilzeit (links); durchschnittliches Kompetenzprofil aller Testteilnehmer des Studiengangs MScPT (Industrielles Management, Vollzeit (rechts)*

Das Anpassen des COMET-Kompetenzmodells für duale Ingenieurs-Studiengänge

Ein Studiengang, der als Ziel die Studierendenentwicklung bezüglich ihrer Führungs-/Leitungskompetenzen hat, muss bezogen auf die Handlungskompetenz die Aspekte der Abb. 40 in den Fokus stellen.

Hierüber ergeben sich Kriterien für die Niveaustufen der Aufgabenerledigung bei Führung/Leitung gemäß Abb. 41.

Diese entsprechen denen des COMET-Kompetezmodells, sind jedoch erweitert im Sinne eines guten Führungs-/Leitungshandelns „ganzheitlicher" Art.

Die Aspekte des letzten Abschnitts zur Ermittlung von Handlungskompetenzen (z. B. in geeigneten Systemspielsituationen) bei typischen Führungs-/Leitungsaufgaben in einer kooperativ verteilten Form (der Realität entsprechend) müssen bei der Ausgestaltung des Testes berücksichtigt werden.

Der Vorschlag von HEEG, das Kompetenzmodell für die Kompetenzdiagnostik von Führungskräften des Aufgabengebiets, wie es in seinem Studiengang vermittelt wurde, anzupassen, ergibt sich aus seiner

4 Architektur paralleler Bildungswege

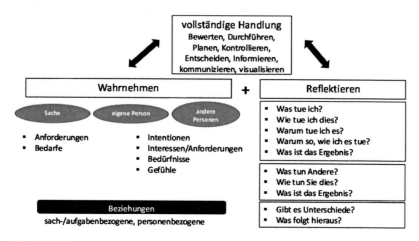

Abb. 40: Vollständige Handlung für Führungs-/Leitungstätigkeiten

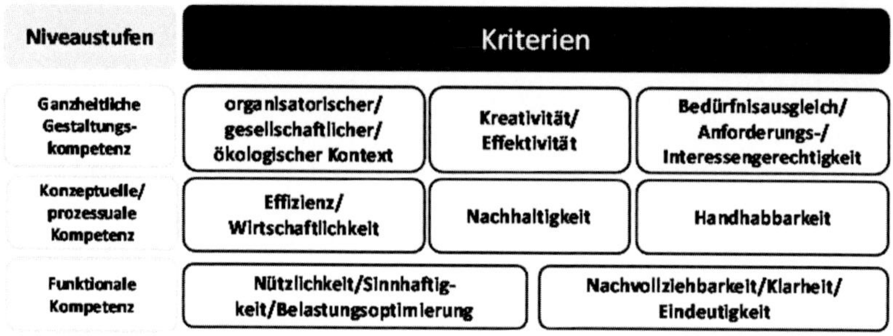

Abb. 41: Niveaustufen und Kriterien für Führungs-/Leitungsaufgaben

Analyse der Testergebnisse sowie den Inhalten und Zielen des Studiengangs. Das Ergebnis dieser Studie zeigt, dass dieser duale Masterstudiengang auf einem charakteristischen multiplen Kompetenzmodell basiert und sowohl was die Zulassungsvoraussetzungen betrifft als auch die Studienstruktur und Inhalte des Studiums alle Merkmale eines dualen Masterstudiengangs erfüllt, wie er für den durchgängigen dualen hochschulischen Bildungsweg konzipiert ist.

4.4 Die vierte Stufe: Promotion zum Dr. Professional

Ein durchgängiger dualer Bildungsweg schließt schließlich Promotionsvorhaben ein, die auf die *Erforschung von Zusammenhangswissen* zielen und auf die *wissenschaftlichen Entwicklungsprojekte*. Hier kann angeknüpft werden an der Tradition interdisziplinärer Forschung, den Methoden der Handlungsforschung sowie am Clusterkonzept, das im Rahmen der Exzellenzinitiative etabliert wurde.

Doktor Professionel

Die Merkmale dieser neuen Form der Forschung sollen im Folgenden skizziert werden.

Die Erforschung neuer Erkenntnisse zielt hier konsequent auf das Zusammenhangswissen. Die Bedeutung dieses Kriteriums lässt sich anschaulich an der berüchtigten Berühmtheit des ägyptischen Projekts „Assuan-Staudamm" zeigen. Der nach ingenieurwissenschaftlichen Kriterien errichtete Staudamm hat zwar das Ziel erreicht, die elektrische Energieversorgung für Ägypten zu verbessern, gleichzeitig jedoch übertreffen die negativen ökonomischen und ökologischen Folgen für die Fischerei und die Landwirtschaft stromabwärts bei weitem diesen Vorteil. Forschungs- und Entwicklungsvorhaben, die darauf ausgerichtet sind, die vielfältigen und oft gegensätzlich wirkenden Effekte komplexer Gestaltungsprojekte systematisch zu berücksichtigen, unterscheiden sich von der Tradition disziplinärer Forschung nicht nur durch ihre interdisziplinäre Anlage, sondern in vielen Fällen auch durch das Paradigma einer „gestaltungsorientierten Forschung".

Damit findet die Theorie des situierten Lernens[91] eine Entsprechung in einer gestaltungsorientierten Grundlagenforschung. Anknüpfen kann diese Forschung auch an die Erfahrungen der Handlungsforschung, die durch die Exzellenzcluster eine neue Qualität – auch für die Grundlagenforschung – erhalten hat.

In der wissenschaftstheoretischen Diskussion wird meist die Position vertreten, dass die transdisziplinäre Forschung die disziplinäre Forschung voraussetze und dass sie daher letztlich nur über eine von der eigentlichen (disziplinären) Forschung abgeleitete Qualität verfüge. Am Beispiel des ESPRIT-Projektes „Human-Centred CIM-Systems" konnten wir zeigen, welche neue Qualität auch die disziplinäre Forschung in einem Forschungsprojekt erreichen kann, wenn es gelingt, Ingenieur- und Sozialwissenschaftler so in ein Gestaltungsprojekt zu integrieren, dass sie im Projektverlauf lernen, die Grenzen ihrer angestammten Methoden und Denkweisen zu überschreiten.[92] Da es in diesem Projekt auch darum ging, eine „human-centred" CIM-Lösung exemplarisch zu realisieren, erwies sich die Einbeziehung der Experten und Fachkräfte der beteiligten Unternehmen (Dänemark, Deutschland und Großbritannien) als eine unumgängliche Dimension einer gestaltungsorientierten Forschung und Entwicklung. Trotz einer sehr ausgeprägten Kooperationsbereitschaft zwischen den drei nationalen Forschungs- und Entwicklungsgruppen sowie zwischen den beteiligten Ingenieur-, Sozial- und Berufsbildungswissenschaftlern und den Praxexperten, gelang es erst gegen Ende des Projektes, die Methoden dieser neuen Form einer gestaltungsorientierten Forschung und Entwicklung im komplexen Feld des „Computer Integrated Manufacturing (CIM)" anzuwenden und zu dokumentieren (vgl. dazu das Kap. 4 der Dokumentation dieses Projektes (99–131). Die Autoren resümieren unter anderem: *„One important issue here is the kind of attitudes and abilities required of social scientists, users and engineers to enable a fruitful collaboration in the design and development of human computer-aided work systems"* (3).

Die Qualifizierung des wissenschaftlichen Nachwuchses als die höchste Stufe dieses dualen Bildungsweges steht vor besonderen Herausforderungen.

Anders als die dualen Bachelor- und Masterstudiengänge, die einer pluralen Steuerung bedürfen, gelten für die Förderung des wissenschaftlichen Nachwuchses die Regeln der Wissenschaftsentwicklung, die von den Universitäten im Rahmen ihrer gesetzlich verankerten Autonomie

4.4 Die vierte Stufe: Promotion zum Dr. Professional

wahrgenommen werden. Das grundlegende Unterscheidungsmerkmal zwischen den Methoden der disziplinären Forschung und der Erforschung des Zusammenhangswissens sowie der Entwicklung und Anwendung wissenschaftlicher Methoden für eine gestaltungsorientierte Forschung ist die konsequente Ausrichtung der Promotion zum Doktor Professional am Konzept der *praktischen Transdisziplinarität*. Sie ist z. B. gegeben in den gestaltungsorientierten Exzellenzclustern. Bei der großen Vielfalt der Exzellenzcluster gilt es daher zwischen solchen zu unterscheiden, die sich irgendwie an der Leitidee der Interdisziplinarität orientieren und solchen, denen es gelungen ist, die neue Qualität der Forschung in den Beschreibungen ihrer Exzellenzcluster auszuweisen (→ 3.3).

Beispiel: Am Beispiel des Exzellenzcluster „Bild, Wissen, Gestaltung – ein interdisziplinäres Labor" der Humboldt-Universität (Berlin) lässt sich exemplarisch die neue Qualität dieser Grundlagenforschung zeigen. In seltener Klarheit wird das neue Forschungsparadigma formuliert:

„Wissenschaft ist Gestaltung. [...] Gestaltung, ein Paradigma moderner Entwicklungs- und Fertigungsverfahren, rückt von der Peripherie in den Kern der Forschung selbst [...]. Dazu soll ein interdisziplinäres Labor als eine virtuelle und reale Architektur des Wissens aufgebaut werden, an dem Geistes-, Natur- und Technikwissenschaften ebenso wie die Gestaltungsdisziplinen [ein Widerspruch in sich selbst, F. R.] gleichermaßen beteiligt sind. ‚Gestaltung' soll darin zum Modellbegriff wissenschaftlicher Tätigkeit werden. Erstmals in der zweihundertjährigen Geschichte der Humboldt Universität zu Berlin wird damit unter der Mitwirkung von 22 Disziplinen aus zahlreichen universitären und außeruniversitären Forschungseinrichtungen und Museen eine ‚integrative wissenschaftliche Plattform' entstehen, welche die Universität nachhaltig verändern könnte"(Humboldt-Universität 2012).

Die Erforschung von Zusammenhangswissen im Kontext von Clusterprojekten bzw. -programmen zeichnet sich dadurch aus, dass es dabei auch um das in der Meisterschaft, oder allgemeiner der Kompetenz der beruflich Qualifizierten, inkorporierte praktische Wissen geht (→ 1.4).

Die Notwendigkeit, sich wissenschaftlich mit der Organisation und Gestaltung transdisziplinärer Projekte zu beschäftigen, ergibt sich aus den zunehmenden Problemlagen in den Bereichen Energie, Migration, Umwelt und Gesundheit auf lokaler, nationaler und internationaler Ebene, um nur einige der aktuellen Problembereiche zu nennen. Daher ist die Grundlagenforschung zum Doktor Professional auch herausgefordert, sich mit der Transdisziplinarität als einer Organisationsform der Beteiligung von Wissenschaft an der Identifizierung und Lösung gesellschaftlicher Probleme auseinanderzusetzen.

Neu ist das Konzept des Doktor Professional nicht. Bereits 2014 hatten 16 Universitäten, überwiegend aus den USA und Großbritannien, den Doktorgrad für „Professional Studies" eingeführt. Bemerkenswert ist, dass einige der Universitäten ausdrücklich auf den Zusammenhang mit ihren arbeits-(prozess)-bezogenen Studiengängen und die professionsbezogenen Handlungsfelder ihrer Studenten und Absolventen hinwiesen. Dies deckt sich weitgehend, wenn auch noch relativ unspezifisch, mit den Begründungen für eine Architektur paralleler Bildungswege mit ihrem dualen Bildungsweg. So weist zum Beispiel die Middlesex University darauf hin, worauf es ihr bei diesem neuen Doktorgrad ankommt: „*Drew on its experience as a leading international centre for work-based higher education, resulting in a generic doctorate where candidates undertake a project that is built around their professional activities*" (http://en.wikipedia.org/wiki/Doctor of Professional Studies 28.04.2014).

4.5 Fazit: Was ist zu tun?

Sowohl die Akademisierung beruflicher Bildung als auch die etablierten Formen der Verberuflichung hochschulischer Bildung sind Entwicklungen, die die Potenziale beider Bildungstraditionen unterminieren. Die international verbreitete „College for All"-Politik hat zu einer Erosion beruflicher Bildung hin zu einer Restgröße für Risikogruppen geführt.

4.5 Fazit: Was ist zu tun?

Die Verberuflichung hochschulischer Studiengänge hat in den USA bereits in der ersten Hälfte des vorigen Jahrhunderts auf dem Niveau von Bachelorstudiengängen eingesetzt. Eine Fortsetzung fand dieser Trend mit der darunter angesiedelten Einführung von Kurzzeitstudien („Some College") auf Volkshochschulniveau.

Die „College for All"-Politik hat zwei Wurzeln, eine theoretische und eine praktische. Die theoretische Wurzel geht auf Daniel BELL zurück, der 1973 für die nach-industrielle Wissensgesellschaft die These begründet hat, dass das neue axiale System, um das sich in der nach-industriellen Gesellschaft alles drehen werde, das theoretische wissenschaftliche Wissen sei. Diese These wurde zum Glaubensbekenntnis der internationalen Bildungs-Community und mächtiger internationaler Organisationen wie der OECD. Die zweite – strukturelle – Wurzel der „College for All"-Politik war und ist die Unterentwicklung der beruflichen Bildung in den USA und vielen Regionen der Welt. Daher haben Hochschulen zunehmend die Qualifizierung beruflicher Fachkräfte übernommen. Die Einführung des Systems der hochschulischen Stufenausbildung (Bachelor – Master) mit seiner problematischen Leitidee Employability in Europa (Bologna-Prozess) war ein schwerwiegender Fehler und erweist sich als eine Ursache für chaotische Entwicklungen sowohl in der beruflichen als auch der hochschulischen Bildung.

Die starke Zunahme der fachlichen Ausdifferenzierung der Studiengänge rückgängig machen

An den ehemaligen Fachhochschulen bilden sich durch die fortschreitenden Spezialisierungen der Studiengänge nach dem Muster „Business Administration für Apotheker" *tätigkeitsbezogene* Studiengänge heraus, die weder den Anforderungen beruflicher noch wissenschaftlicher Bildung genügen. An den Universitäten wurde die Entwicklung von sub-disziplinären Spezialisierungen verstärkt. Bibliometrisch werden Zahlen von über 10.000 geschätzt. Die fortschreitende „Disziplinierung" der wissenschaftlichen Fächer trägt zur Entwertung der fachwissenschaftlichen Lehre und Forschung bei. Beide Trends schwächen die Qualität der Forschung und Lehre. Die Versuche, diesem Trend durch die in der Exzellenzinitiative etablierten Exzellenzcluster mit der Organisation projektförmiger Forschung entgegenzuwirken, markiert allenfalls einen Anfang für die Etablierung einer transdisziplinären universitären Forschung.

Die Hochschulen sind daher herausgefordert, die verfassungsrechtlich verbriefte Freiheit der Wissenschaft in Forschung und Lehre zu nutzen, die die Prozesse der Taylorisierung und „Disziplinierung" rückgängig macht.

Hochschulen als Lernort für eine höhere (duale) berufliche Bildung

Die ungeregelte Verberuflichung hochschulischer Bildung schwächt nicht nur die Aneignung von Zusammenhangsverständnis und der Fähigkeit der holistischen Lösung beruflicher Aufgaben. Sie beeinträchtigt ebenso die Entwicklung beruflicher Identität als eine Dimension der Persönlichkeitsentwicklung und als eine Voraussetzung für das berufliche Qualitäts- und Verantwortungsbewusstsein. Die Zunahme dualer Studiengänge kann als Indikator der Wertschätzung einer auf reflektierter Arbeitserfahrung basierenden Form des beruflichen Lernens gewertet werden. Von der professionellen Einführung dieser Lernform sind die etablieren dualen Studiengänge jedoch noch weit entfernt. Die *berufsintegrierenden* dualen Studiengänge kombinieren einen Praxisanteil auf dem Niveau der beruflichen Erstausbildung mit einem hochschulischen Bachelorstudium. Dies führt nicht nur zu einer Doppelbelastung bei den Studierenden, sondern zu einer Kombination zweier nicht kompatibler Ausbildungsteile. Bei anderen Formen hochschulischer dualer Erstausbildung werden die Praxisanteile durch hochschulspezifische Absprache mit den Praktikumsbetrieben irgendwie geregelt. Auch damit wird keine geregelte Lernortkooperation mit den Betrieben erreicht. In diesem Buch wurde begründet, dass *die Etablierung einer höheren beruflichen Bildung unter Beteiligung der Hochschulen nicht nur wünschenswert, sondern notwendig ist.* Dies setzt jedoch voraus, dass die höhere Berufsbildung an Hochschulen auf der Grundlage ei-

4.5 Fazit: Was ist zu tun?

nes alle Formen und Stufen der beruflichen Bildung umfassenden Berufsbildungs(rahmen)gesetzes gestaltet und gesteuert wird. Eine höhere berufliche Bildung an Hochschulen setzt voraus, dass diese auf die Erstausbildung aufbaut. Dies würde nicht nur eine professionelle höhere Berufsausbildung an *echten* berufsqualifizierenden hochschulischen Bildungsgängen ermöglichen, sondern würde auch die Attraktivität der dualen Erstausbildung erhöhen, wie das Beispiel der Schweiz zeigt.

Die Gleichwertigkeit wissenschaftlichen und praktischen Wissens als Grundlage für eine Architektur paralleler Bildungswege

Was ebenfalls für eine hochschulische höhere Berufsbildung spricht, ist der grundlegende Unterschied zwischen beruflichem und wissenschaftlichem Wissen sowie beruflicher und wissenschaftlicher Kompetenz. In allen vier Kapiteln des Buches wird das Charakteristische beider Wissens- und Kompetenzformen aus unterschiedlichen Perspektiven begründet. Zusammenfassend sei hier noch einmal auf die Besonderheiten beider Wissens- und Kompetenzformen hingewiesen.

Berufliche Kompetenz zeichnet die Fähigkeit und Notwendigkeit (!) aus, berufliche Aufgaben stets *vollständig* zu lösen, dabei die Lösungskriterien gegeneinander abzuwägen und den aufgabenspezifischen Lösungsraum begründet auszuschöpfen. Berufliche Bildung ist daher eine *wertebezogene* Bildung, bei der die Entwicklung beruflicher Kompetenz und beruflicher Arbeitsethik einen nicht auflösbaren Zusammenhang bilden.

Für die wissenschaftliche (akademische) Bildung ist das disziplinäre kontextfreie Wissen charakteristisch, das sich die Studierenden (im Idealfall) im Prozess des forschenden Lernens aneignen. Dieses Wissen begründet keine *berufliche* Handlungs- und Gestaltungskompetenz, sondern bereitet auf eine wissenschaftliche Tätigkeit vor oder auf eine an das Studium anschließende Einarbeitung in eine einschlägige Profession wie Lehrer, Arzt oder Richter sowie die große Zahl von Professionen, in denen (auch) wissenschaftliches Wissen erforderlich ist.

4 Architektur paralleler Bildungswege

Für das Verstehen einer Architektur paralleler Bildungswege ist die Erkenntnis wichtig, dass zwischen dem beruflichen und dem wissenschaftlichen Wissen ein dialektischer Zusammenhang besteht. Das bedeutet, dass beide Wissensformen zwar grundlegend verschieden, jedoch zugleich wechselseitig füreinander konstitutiv sind. Es ist daher falsch, berufliches Wissen als angewandtes wissenschaftliches Wissen zu definieren (applied knowledge) und zu versuchen, dieses vom wissenschaftlichen Wissen durch Vereinfachungen und didaktische Transformationen abzuleiten. Alle eindimensionalen Strukturen aufeinander aufbauender Bildungsstufen und -abschlüsse basieren auf diesem falschen Verständnis beruflichen Wissens. Die eindimensionalen Klassifizierungssysteme unterscheiden linear aufeinander aufbauende Bildungsgänge und -abschlüsse. Diese Struktur beeinträchtigt systematisch die Durchlässigkeit zwischen der beruflichen (unteren) und der akademischen (höheren) Bildung. Daher birgt eine Architektur paralleler Bildungswege das Potenzial für eine neue Qualität der vertikalen Durchlässigkeit zwischen beruflicher und der höheren hochschulischen beruflichen Bildung. Mit einem durchlässigen dualen beruflichen Bildungsweg kann das seit Jahrzehnten geforderte Ziel einer gleichwertigen beruflichen und akademischen Bildung erreicht werden.

Literaturhinweise und Anmerkungen

1 Freiling, F.; Rathmann, C. 2017: Übergänge von Studienaussteigern/-innen in die berufliche Bildung – Herausforderungen und Handlungshinweise zur Erhöhung der Durchlässigkeit zwischen akademischer und beruflicher Bildung. Vortrag. 19. Hochschultage Berufliche Bildung an der Universität Köln; Heublein u. a. 2017: Zwischen Studienverantwortung und Studienwirklichkeit. Ursachen des Studienabbruchs, beruflicher Verbleib der Studienabbrecher/-innen und Entwicklung der Studienabbruchquote an deutschen Hochschulen. Forum Hochschule 1/2017. Hannover: Deutsches Zentrum für Hochschul- und Wissenschaftsforschung (DZHW)
2 Empfehlung der G 20-Arbeitsminister bei ihrem Treffen am 27.09.2011 in Paris; Im April 2011 hatte das „International Network on Innovative Apprenticeship" (INAP) ein Memorandum vorgelegt: Architecture for Modern Apprenticeships – Standards for Structure, Organisation and Governance. INAP-Commission: Architecture Apprenticeship. Die Initiative der EU, die G20-Empfehlung in einem Programm „Jugendgarantie" aufzugreifen, hat zu einem Rückgang der Jugendarbeitslosigkeit in Europa auf 16,7 % (2017) beigetragen. Diese Entwicklung mündete schließlich in eine weitere EU-Initiative zur Stärkung der dualen Berufsausbildung ein. Der Europäische Rat legte ein Programm mit 27 Milliarden € zur Förderung der dualen Berufsausbildung auf (APA-Science: Austria Presse Agentur v. 05.10.2017). Ziel des Programmes ist es, die duale Berufsausbildung zu stärken und damit das Missverhältnis von nur 3,7 Mio. Auszubildenden und 20 Mio. Hochschulstudierenden in Europa zu korrigieren (SWD 2017/322 final sowie COM (2017) 563); Diese Entwicklung ist bemerkenswert, da die duale Berufsausbildung bis in die 1990er Jahre in Europa noch als ein „Auslaufmodell" galt. Vgl. dazu: Geißler, K. 1994: Von der Meisterschaft zur Qualifikations Collage. In: Liesering, S.; Schober, K.; Tessaring, M. (Hg.): Die Zukunft der dualen Berufsausbildung. Nürnberg: IAB. 328–345
3 Womack, J. P.; Jones, D. T.; Ross, D. 1992: Die zweite industrielle Revolution in der Automobilindustrie: Konsequenzen aus der weltweiten Studie aus dem Massachusetts Institute of Technology. Frankfurt am Main, New York: Campus; Georg, W. 1995: Probleme vergleichender Berufsbildungsforschung im Kontext neuer Produktionskonzepte. Das Beispiel Japan. In: Dybowski, G.; Pütz, H.; Rauner, F. (Hg.): Berufsbildung und Organisati-

onsentwicklung. Perspektiven, Modelle, Grundlagen. Bremen: Donat. 67–84
4 vgl. dazu Heidegger, G. u. a. 1991: Berufsbilder 2000. Soziale Gestaltung von Arbeit, Technik und Bildung. Opladen: Westdeutscher Verlag; Rauner, F. 2017: Grundlagen der beruflichen Bildung. Mitgestalten der Arbeitswelt. Bielefeld: wbv. Kap. 1.7
5 Bremer, R. und Jagla, H.-H. (Hg.) 2000: Berufsbildung in Geschäfts- und Arbeitsprozessen. Bremen: Donat
6 ESCO steht für europäische Klassifizierung für Fähigkeiten/Kompetenzen, Qualifikationen und Berufe. Eine Europa 2020-Initiative. ISBN 978-92-79-32684-4. EU 2014
7 House of Commons (Andrew Powell) 2017: Apprenticeships Policy in England. Briefing Paper (BP 03052). 29.06.2017. Libary.Paper@parliament.uk
8 Föhrenbach, A. (Duale Hochschule Baden-Württemberg Mannheim) 2013: Lehren an der DHBW Mannheim. Informationen für externe Lehrbeauftragte. www.dhbw-mannheim.de, 3.2
9 *Die Befähigung zur (Mit-)Gestaltung von Arbeit und Technik* hat als eine Leitidee für die berufliche Bildung seit ihrer Begründung Mitte der 1980er Jahre eine rasche Verbreitung gefunden. So hebt die Enquetekommission des Deutschen Bundestages „Zukünftige Bildungspolitik – Bildung 2000" in ihrem Abschlussbericht mehrfach den „Perspektivwechsel" weg von einer zu engen Anpassungsorientierung und hin zu einer aktiven Mitgestaltung der zukünftigen Gesellschaft und der Arbeitswelt als eine zentrale bildungspolitische Orientierung hervor (5, 20, 28). Sie nimmt damit die wesentlichsten Elemente des von Gerald Heidegger vorgetragenen *„Gestaltungsansatzes"* auf und führt dazu aus: *„Wenn die Humanität der zukünftigen Gesellschaft entscheidend davon abhängt, ob es gelingt, Teilungen und Zerstückelungen aufzuhalten, [...] dann muss Bildung zuallererst den Gestaltungswillen entwickeln helfen [...] und muss Gestaltungsfähigkeit [...] anstreben."* „Gestaltungskompetenz" wird dabei ausdrücklich auch für die technische Bildung gefordert (30); Deutscher Bundestag 1990: Schlussbericht der Enquetekommission „Zukünftige Bildungspolitik – Bildung 2000". 11. Deutscher Bundestag. Bundestagsdrucksache 11, 7820. 05.09.1990. Sachgebiet 22. Bonn; KMK 1991: Rahmenvereinbarung über die Berufsschule. Beschluss der Kultusministerkonferenz vom

Literaturhinweise und Anmerkungen

14./15.03.1991. Bonn: Sekretariat der Ständigen Konferenz der Kultusminister der Länder in der BRD

10 KMK 1996: Handreichungen für die Erarbeitung von Rahmenlehrplänen der Kultusministerkonferenz für den berufsbezogenen Unterricht in der Berufsschule und ihre Abstimmung mit Ausbildungsordnungen des Bundes für anerkannte Ausbildungsberufe. Bonn: Sekretariat der Ständigen Konferenz der Kultusminister der Länder in der BRD

11 Bundesministerium für Arbeit und Soziales (BMAS) 2013: Arbeitsmarktprognose 2030. Eine strategische Vorausschau auf die Entwicklung von Angebot und Nachfrage in Deutschland; Vogler-Ludwig, K.; Düll, N.; Kriechel, B. 2014: Arbeitsmarkt 2030 – Die Bedeutung der Zuwanderung für Wachstum und Beschäftigung. Prognose 2014. Bielefeld: W. Bertelsmann; Zika, G. u. a. 2012: Qualifikations- und Berufsfeldprojektionen bis 2030. In der Arbeitszeit steckt noch eine Menge Potenzial. IAB Kurzberichte 18/2012, 4

12 Vgl. dazu Strahm, R. 2014: Die Akademisierungsfalle – Warum nicht alle die Uni besuchen müssen und warum die Berufslehre top ist. Bern: hep

13 Braverman, H. 1977: Die Arbeit im modernen Produktionsprozess. Frankfurt/M., New York: Campus; Taylor, F. W. 1914: Die Betriebsleitung insbesondere der Werkstätten. Berlin: Julius Springer; Thomson 1964, zit. nach Braverman 1977, 108

14 Bell, D. 1973: The Coming of Post-Industrial Society. New York: Harper Colophon Books

15 Sennett, R. 2008: Das Handwerk. Berlin: Berlin Verlag, 19

16 Janisch, P. 2015: Handwerk und Mundwerk. Über das Herstellen von Wissen. München: C. H. Beck

17 Newton 1686, zitiert nach Janisch, s. 16 (115)

18 Crawford, M. 2010: Ich schraube, also bin ich. Vom Glück, etwas mit den eigenen Händen zu schaffen. Berlin: Ullstein; Crawford, M. 2015: Die Widergewinnung der Wirklichkeit. Eine Philosophie des Ichs im Zeitalter der Zerstreuung. Berlin: Ullstein

19 KMK 2009: Beschluss der KMK vom 06.03.2009 zum Hochschulzugang für beruflich qualifizierte Bewerber ohne schulische Hochschulzulassungsberechtigung

20 Arnold, R. 2011: Denn sie wissen nicht was sie tun? Die deutschen Hochschulen auf dem Weg zur Kompetenzentwicklung. Grundfragen und Trends. Weiterbildung. Ausgabe 4/2011, 28

Literaturhinweise und Anmerkungen

21 Ott, J. 1993: Ganzheitliche Berufsbildung im Kontext der technikdidaktischen Diskussion (Habilitationsschrift). Universität Karlsruhe; Heid, H. 1999: Über die Vereinbarkeit individueller Bildungsbedürfnisse und betrieblicher Qualifikationsanforderungen. In: Zeitschrift für Pädagogik (ZfPäd) 45. Nr. 2. 231–244

22 Blankertz, H. 1972: Kollegstufenversuch in Nordrhein-Westfalen – das Ende der gymnasialen Oberstufe und der Berufsschulen. Die Deutsche Berufs- und Fachschule 57 (1). 2–20

23 Rauner, F. 1988: Die Befähigung zur (Mit)Gestaltung von Arbeit und Technik als Leitidee beruflicher Bildung. In: Heidegger, G.; Gerds, P.; Weisenbach, K. (Hg.): Gestalten von Arbeit und Technik – Ein Ziel beruflicher Bildung. Frankfurt/M. 32–50

24 Dieter Ganguin, Mitglied einer IBM-Arbeitsgruppe zur Entwicklung einer offenen Architektur für integrierte Informationssysteme in der Fertigungsindustrie (1984/85). Ganguin, D. 1993: Die Struktur offener Informationssysteme in der Fertigungsindustrie und ihre Voraussetzungen. In: Dybowski, G.; Haase, P.; Rauner, F.: Berufliche Bildung und Betriebliche Organisationsentwicklung. Bremen: Donat. 16–33

25 Lutz, B. 1988: Zum Verhältnis von Analyse und Gestaltung in der sozialwissenschaftlichen Technikforschung. In: Rauner, F.: Gestalten – eine neue gesellschaftliche Praxis. Bonn: Neue Gesellschaft. 15–23

26 Rauner, F. 2017: Methodenhandbuch – Messen und Entwickeln beruflicher Kompetenz (COMET). Bielefeld: wbv; Mit diesem Handbuch liegt eine zusammenfassende Darstellung der COMET-Methode vor.

27 Lave, J.; Wenger, E. 1991: Situated Learning. Legitimate Peripheral Participation. Cambridge, New York: Cambridge University Press; Benner, P.; Wrubel, J. 1982: Clinical knowledge development: The value of perceptual awareness. In: Nurse Educator, 7. 11–17; Röben, P. 2018: Berufswissenschaftliche Aufgabenanalyse. In: Rauner, F.; Grollmann, P. (Hg.): Handbuch Berufsbildungsforschung. 3. Auflage. Kap. 5.2.3

28 Corbett, J. M.; Rasmussen, L.; Rauner, F. 1991: Crossing the Border. The Social and Engineering Design of Computer Integrated Manufacturing Systems. London: Springer

29 Laur-Ernst, U. (Hg.) 1990: Neue Fabrikstrukturen – Veränderte Qualifikationen. Ergebnisse eines Workshops des BIBB. Berlin

30 Schmidt, H. 1995: Berufsbildungsforschung. In: Arnold, R.; Lipsmeier, A.: Handbuch der Berufsbildung. Opladen: Leske + Budrich. 482–491

31 Emery, F. E.; Emery, M. 1974: Participative Design. Canberra: Centre for Continuing Education. Australian National University; Hackman, J. R; Oldham, G. R. 1976: Motivation through the design of work: Test of a theory. Organizational Behavior and Human Performance 16. 250–279

32 Cooley, M. 1988: Creativity, Skill and Human-Centered Systems. In: Göranzon, B.; Josefson, J. (Eds.): Knowlege, Skill and Artificial Intelligence. Berlin, Heidelberg, New York: Springer. 127–137

33 Ulich, E. 1994: Arbeitspsychologie. 3. Aufl. Stuttgart: Verlag Schaffer Poeschel

Eine weitere Quelle für die bildungstheoretische Entfaltung eines Konzepts beruflicher Kompetenz sind die Arbeiten des VDI zur Technikbewertung. So führt der Ausschuss „*Grundlagen der Technikbewertung*" des VDI in seiner Richtlinie zur Technikbewertung u. a. aus: „*Technikbewertung bedeutet hier das planmäßige, systematische, organisierte Vorgehen, das [...] Handlungs- und Gestaltungsmöglichkeiten aus der Abschätzung technischer, wirtschaftlicher, gesundheitlicher, ökologischer, humaner, sozialer und anderer Folgen der Technik und mögliche Alternativen herleitet und ausarbeitet*" (VDI 1991: Begriffe und Grundlagen. VDI 3780. März 1990, 7 ff.).

Connell, M. W.; Sheridan, K.; Gardner, H. 2003: On abilities and domains. In: Sternberg, R. J.; Grigorenko, E. L. (Hg.): The psychology of abilities, competencies and expertise. Cambridge: Cambridge University Press. 126–155; FRIELING verweist in diesem Zusammenhang auf die begrenzte Reichweite standardisierter Analyseverfahren. Frieling, E. 1995: Arbeit. In: Flick U. u. a.: Handbuch qualitative Sozialforschung. Grundlagen, Konzepte, Methoden und Anwendungen. Weinheim: Beltz. 285–288

Die zweite Wurzel einer „technischen Bildung", mit der der Zusammenhang zwischen dem technisch Möglichen und sozial Wünschbaren hergestellt wurde, ist die technikphilosophische Diskussion, die parallel zur „Arbeit- und Technik"-Forschung einen Auftrieb erfuhr. Vgl. MEYER-ABICH, K. M. 1988: Wissenschaft für die Zukunft: holistisches Denken in ökologischer und gesellschaftlicher Verantwortung. München: Beck; Lenk, H.; Rohpol, G. 1987: Technik und Ethik. Reclam; sowie Hastedt, H. 1991: Aufklärung und Technik. Grundprobleme der Ethik der Technik. Ffm: Suhrkamp, 138

Literaturhinweise und Anmerkungen

34 s. 9. Deutscher Bundestag 1990: Schlussbericht der Enquetekommission „Zukünftige Bildungspolitik – Bildung 2000". 11. Deutscher Bundestag. Bundestagsdrucksache 11, 7820. 05.09.1990. Sachgebiet 22. Bonn
35 KMK 1991/99 s. 9.; Berufliche Gestaltungskompetenz verweist auf die Inhalte und Gestaltungsspielräume bei der Lösung beruflicher Aufgaben.
36 Martens, T. u. a. 2011: Ergebnisse zum Messverfahren. In: F. Rauner: Messen beruflicher Kompetenzen. Band III: Drei Jahre KOMET-Testerfahrung. 90–126. Berlin: LIT; Rauner, F. 2017: Methodenhandbuch. Messen und Entwickeln beruflicher Kompetenzen (COMET). Bielefeld: wbv. Kap. 5
37 Aus diesem Bildungsauftrag leitet die KMK eine Reihe von Zielen ab bzw. reinterpretiert etablierte Ziele, wie die Vermittlung beruflicher Handlungskompetenz im Lichte des zitierten Bildungsauftrags (s. 10).
38 Dehnbostel, P. 1994: Erschließung und Gestaltung des Lernorts Arbeitsplatz. In: Berufsbildung in der wissenschaftlichen Praxis. Jg. 23, Heft 1. 13–18; Fischer, M; Rauner, F. (Hg.) 2002: Lernfeld Arbeitsprozess. Ein Studienbuch zur Kompetenzentwicklung von Fachkräften in gewerblichtechnischen Aufgabenbereichen. Baden-Baden: Nomos
39 Hacker, W. 1992: Expertenkönnen – Erkennen und Vermitteln. Göttingen: Verlag für Angewandte Psychologie
40 Polanyi, M. 1958: Personal Knowledge. Towards a Post-Critical Philosophy. Chicago: University of Chicago Press
41 Im Rahmen des internationalen Forschungsnetzwerks COMET (International Research Network on Competence Diagnostics) ist diese Regelung etabliert.
42 Vgl. dazu die psychometrische Evaluation des KOMET-Kompetenz- und Messmodells, wonach die Kompetenzausprägung sowohl nach einem Stufenmodell als auch in Form eines Netzdiagramms (Kompetenzprofil) dargestellt werden kann: Erdwien, B.; Martens, T. 2009: Die empirische Qualität des Kompetenzmodells und des Ratingverfahrens. In Rauner, F. u. a. (Hg.): Messen beruflicher Kompetenzen, Band II: Ergebnisse KOMET 2008. Münster: LIT. 62–82, 62 ff.
43 Klieme, E.; Hartig, J. 2007: Kompetenzkonzepte in den Sozialwissenschaften und im erziehungswissenschaftlichen Diskurs. In: Prenzel, M.; Gogolin, I.; Krüger, H.-H. (Hg.): Kompetenzdiagnostik. Zeitschrift für Erziehungswissenschaft Sonderheft 8/2007. 11–29, 17
44 Gruschka, A. 2005: Bildungsstandards oder das Versprechen, Bildungstheorie in empirischer Bildungsforschung aufzuheben. In: Pongratz, L. A.;

Reichenbach, R.; Wimmer, M. (Hg.): Bildung, Wissen, Kompetenz. Bielefeld: Janus Presse. 9–29
45 Rauner, F. 2004: Praktisches Wissen und berufliche Handlungskompetenz. Reihe ITB-Forschungsberichte Nr. 14. Universität Bremen: ITB
46 Garfinkel, H. 1967: Studies in Ethnomethodology. Englewood Cliffs. Prentice Hall. Mit dem ethnomethodologischen Forschungskonzept der „Studies of Work" hat Harold GARFINKEL einen Forschungsstrang etabliert, der in der Berufsbildungsforschung in vielfältiger Weise fruchtbar gemacht werden kann. Mit den Theorien des „Tacit Knowledge" und der „Studies of Work" wird ein multiples Kompetenzkonzept unterstellt, ohne dass sich dieses in seinen Dimensionen bereits entfaltet.
47 GARDNER weist in diesem Zusammenhang darauf hin, dass sich Theorien und Konzepte, mit denen berufsübergreifende (Schlüssel-)kompetenzen unterstellt werden, auf der Grundlage seiner Theorie nicht stützen lassen. Beispielhaft erläutert er dies am Begriff des „kritischen Denkens". Gardner, H. 2002: Intelligenzen: die Vielfalt des menschlichen Geistes. Stuttgart: Klett-Cotta, 130
48 vgl. dazu ausführlich Rauner, F. 2017: Methodenhandbuch (MHB). Messen und Entwickeln beruflicher Kompetenz (COMET). Bielefeld: wbv, Kap. 3
49 MHB, Kap 7.1; Erdwien, B.; Martens, T. 2009: Die empirische Qualität des Kompetenzmodells und des Ratingverfahrens. In Rauner, F. u. a. (Hg.): Messen beruflicher Kompetenzen, Band II: Ergebnisse KOMET 2008. Münster: LIT. 62–82, 72
50 Die quantitative Ausprägung der Teilkompetenzen

Der Gesamtpunktwert (GPW)

Addiert man die Werte der drei Kompetenzdimensionen, dann ergibt dies den Gesamtpunktwert (GPW $= D_F + D_P + D_G$).Dieser Wert ist ein grober Anhaltspunkt für das erreichte Kompetenzniveau. Die Schwäche dieses Wertes zur Bewertung beruflicher Kompetenzniveaus liegt darin begründet, dass er keine Aussage zulässt über die Qualität der Kompetenzprofile.

Homogenität der Kompetenzprofile (MHB 4.8.3)

Für die Bewertung beruflicher Kompetenz ist der Grad an Homogenität der Kompetenzprofile von zentraler Bedeutung. Als ein statistischer Wert wird dazu der Variationskoeffizient V berechnet.

Literaturhinweise und Anmerkungen

Auf der Grundlage einer großen Zahl von Large-Scale-Projekten wurde der Grad an Homogenität wie folgt festgelegt:

Tab. 7: Grade der Homogenität der Kompetenzprofile gemessen als Variationskoeffizient V (MHB, 131)

$V < 0,15$	sehr homogen
$V = 0,16 - 0,25$	homogen
$V = 0,26 - 0,35$	eher inhomogen
$V = 0,36 - 0,5$	inhomogen
$V \to 0,5$	sehr inhomogen

Wissensniveaus
Die drei Kompetenzniveaus werden von den Testteilnehmern auf unterschiedlichen Wissensniveaus erreicht. Zur Differenzierung der Wissensniveaus wird zwischen drei Stufen des Arbeitsprozesswissens unterschieden dem *handlungsleitenden, handlungserklärenden* und *handlungsreflektierenden Wissen* (MHB, Kap 7.2.2).
Vgl. Hacker, W. 1996: Diagnose von Expertenwissen. Von Abzapf-(Broaching-) zu Aufbau-(Reconstuction-)Konzepten. Sitzungsbericht der sächsischen Akademie der Wissenschaften zu Leipzig. Bd. 134, Heft 6. Berlin: Akademie-Verlag; Fischer, M. 2000: Von der Arbeitserfahrung zum Arbeitsprozesswissen. Rechnergestützte Facharbeit im Kontext beruflichen Lernens. Opladen: Leske + Budrich; Rauner, F. 2002: Die Bedeutung des Arbeitsprozesswissens für eine gestaltungsorientierte Berufsbildung. In: M. Fischer, F. Rauner (Hg.): Lernfeld Arbeitsprozess. Ein Studienbuch zur Kompetenzentwicklung von Fachkräften in gewerblich-technischen Aufgabenbereichen. Baden-Baden: Nomos
Im COMET-Messmodell sowie im Ratingverfahren findet dies seinen Niederschlag in der Bewertung der Teilkompetenzen (Lösungskriterien) anhand von Items, die im Rating nach einer vierstufigen Intervallskala (0-3) bewertet werden (MHB 251 ff.).
Je nach erreichtem Gesamtpunktwert lassen sich die Ergebnisse innerhalb der Kompetenzniveaus nach „niedrig", „mittel" und „hoch" differenzieren, so dass damit die Auswertung noch einmal verfeinert wird. Diese Differen-

Literaturhinweise und Anmerkungen

zierung korrespondiert mit den drei Niveaus beruflichen Arbeitsprozesswissens:

Arbeitsprozesswissen	Niveau
Handlungsleitendes Wissen	Know That
Handlungserklärendes Wissen	Know How
Handlungsreflektierendes Wissen	Know Why

Für jede der acht Teilkompetenzen kann jetzt angegeben werden, auf welchem Wissensniveau sie erreicht wird. Im COMET-Messmodell sowie im Ratingverfahren findet dies seinen Niederschlag in der Bewertung der Lösungsaspekte anhand von Items, die im Rating nach einer vierstufigen Intervallskala (0–3) bewertet werden.

Kompetenzprofile und Kompetenzniveaus zur Repräsentation der Kompetenzausprägung

Analysiert man die Kompetenzprofile der Testteilnehmer, dann reicht es nicht aus, auf einen hohen Grad an Homogenität zu achten, sondern zugleich auf das erreichte Kompetenzniveau.

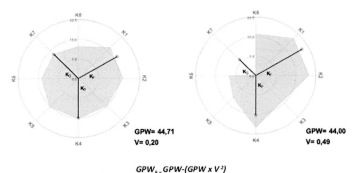

Abb. 42: Korrektur der GPW-Rohwerte (Gegenüberstellung der Kompetenzausprägung zweier kaufmännischer Berufe)

Es bietet sich an, den Grad der Homogenität eines Kompetenzprofils als Korrekturfaktor bei der Berechnung des GPW zu berücksichtigen.

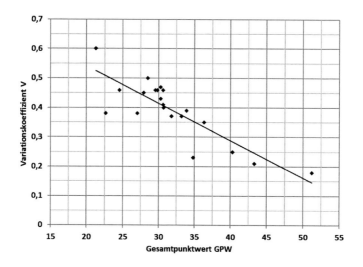

Abb. 43: Korrelation zwischen V und GPW bei 20 Klassen KFZ NRW ($r = -0{,}84$)

51 Crawford, M. 2016: Die Wiedergewinnung der Wirklichkeit. Eine Philosophie des Ichs im Zeitalter der Zerstreuung. Berlin: Ullstein, 132; Rauner, F.; Hauschildt, U. 2017: Berufliche Kompetenz und Berufsethik. A+B-Forschungsberichte 21/2017. A+B-Forschungsnetzwerk. www.ibb.uni-bremen.de

52 Heid, H. 2006: Werte und Normen in der Berufsbildung. In: R. Arnold; A. Lipsmeier; (Hg.): Handbuch der Berufsbildung. Wiesbaden: VS Verlag. 33–43

53 Jongebloed, H.-C. im Vorwort (VIII f.) von Retzmann, T. 2006: Didaktik der berufsmoralischen Bildung in Wirtschaft und Verwaltung. Eine fachdidaktische Studie zur Innovation der kaufmännischen Berufsbildung. Norderstedt: Books on Demand GmbH

54 Philippow, E. 1959: Grundlagen der Elektrotechnik. Band 7. Leipzig: Akademische Verlagsgesellschaft Geest & Portig

Literaturhinweise und Anmerkungen

55 Klüver, J. 1995: Hochschule und Wissenschaftssystem. In: L. Huber 1995 (Hg.): Enzyklopädie Erziehungswissenschaft (Hg.: D. Lenzen). Band 10 Ausbildung und Sozialisation in der Hochschule. Stuttgart, Dresden: Klett. 78–91

56 Huber, L. 1995: Hochschuldidaktik als Theorie der Bildung und Ausbildung. In: L. Huber 1995 (Hg.): Enzyklopädie Erziehungswissenschaft (Hg.: D. Lenzen). Band 10 Ausbildung und Sozialisation in der Hochschule. Stuttgart, Dresden: Klett.114–138

57 Waag, Ph. 2012: Inter- und transdisziplinäre (Nachhaltigkeits-)Forschung in Wissenschaft und Gesellschaft. Artec-paper 181. Okt. 2012. Universität Bremen. ISSN 1613–4907

58 Mittelstraß, J. 2007: Methodische Transdisziplinarität. Mit der Anmerkung eines Naturwissenschaftlers. www.Leibnitz-Institut.de. ISSN 1864–6972

59 KMK 1996: Handreichungen für die Erarbeitung von Rahmenlehrplänen der Kultusministerkonferenz für den berufsbezogenen Unterricht in der Berufsschule und ihre Abstimmung mit Ausbildungsordnungen des Bundes für anerkannte Ausbildungsberufe. Bonn: Sekretariat der Ständigen Konferenz der Kultusminister der Länder in der BRD
Mit einem sehr breit angelegten Modellversuchsprogramm der BLK (Bund-Länder-Kommission für Bildungsplanung und Bildungsforschung) sollte die Einführung des neuen Lernkonzeptes unterstützt werden. Vgl. Deitmer, L. 2004: Neue Lernkonzepte in der dualen Berufsausbildung. Bilanz eines Modellversuchsprogramms der BLK. Reihe: Berufsbildung, Arbeit und Innovation. Bd. 24. Bielefeld: wbv

60 Blankertz, H. 1972: Kollegstufenversuch in Nordrhein-Westfalen – das Ende der gymnasialen Oberstufe und der Berufsschulen. Die Deutsche Berufs- und Fachschule 57 (1). 2–20

61 Deutscher Bildungsrat 1970: Empfehlungen der Bildungskommission. Strukturplan für das Bildungswesen. Stuttgart: Klett-Cotta

62 Karrenberg, U.; Schererz, E. 1980: Zeitgemäße Grundbildung im Berufsfeld Elektrotechnik. Band I: Orientierungshilfen. Düsseldorf: Pädagogisches Institut der Landeshauptstadt Düsseldorf

63 Die norddeutschen Kultus-/Wissenschaftsminister beauftragten 1998 das Institut Technik und Bildung (ITB), die von der KMK 1973 vereinbarte Einrichtung der „Beruflichen Fachrichtungen" als eigenständige universitäre Fächer noch einmal als eine notwendige Voraussetzung für ein profes-

sionelles Studium im Hauptfach der Lehramtsstudenten (beruflicher Fachrichtungen) zu begründen.
64 Gerds, P.; Heidegger, G.; Rauner, F. 1999: Das Universitätsstudium der Berufspädagogen – Eckpunkte für ein Zukunftsprojekt. Reformbedarf in der universitären Ausbildung von Pädagoginnen und Pädagogen beruflicher Fachrichtungen in Norddeutschland. Gutachten im Auftrag der Norddeutschen Länder. Bremen: Donat, 20 u. 86
65 Gutschmidt, F.; Kreigenfeld, Ch.; Laur-Ernst, U.; Rauner, F.; Wenzel, E. 1974: Bildungstechnologie und Curriculum. Die schulnahe Entwicklung komplexer Lehrsysteme. Hannover: Schroedel; Bundesinstitut für Berufsbildungsforschung 1976: MME-Projekt/Dezember 76/Information 9. Berlin
66 Rauner, F. 1999: Transformationen zwischen Wissenschaft und Arbeitswelt – Reflexionen zum Werk von Detlef Gronwald. In: F. Rauner, F. Stuber (Hg.): Berufsbildung für die Facharbeit in der Elektro- und Informationstechnik. Bremen: Donat. 9–18, 12
67 Eicker, F. 1983: Experimentierendes Lernen. Ein Beitrag zur Theorie beruflicher Bildung und des Elektrotechnikunterrichts. Bad Salzdetfurth: Franzbecker; Kap. 3.6 in: Rauner, F. 2017: Grundlagen der beruflichen Bildung. Mitgestalten der Arbeitswelt. Bielefeld: wbv
68 Rauner, F.; Piening, D. 2014: Berufliche Kompetenzen messen – Das Modellversuchsprojekt KOMET NRW. 1. Zwischenbericht. I:BB. Universität Bremen
69 Heidegger, G.; Rauner, F. 1997: Reformbedarf in der beruflichen Bildung. Gutachten im Auftrag des Ministeriums für Wirtschaft und Mittelstand, Technologie und Verkehr in Nordrhein-Westfalen. Düsseldorf: Ministerium für Wirtschaft und Mittelstand, Technologie und Verkehr des Landes Nordrhein-Westfalen, Geschäftsstelle Ausbildungskonsens NRW
70 Lenzen, D. 2014: Bildung statt Bologna. Berlin: Ullstein, 112
71 Grubb, W.; Lazerson, M. 2012: The Education Gospel and Vocationalism in US Higher Education: Triumphs, Tribulations and Cant ions for Other Countries. In: A. Barabasch, F. Rauner (Hg.): Work and Education in America. The Art of Integration. Springer Science+Buisness Media. 101–121, 101
72 Wyman, N. 2015: JobU: How to find wealth and success by developing skills. New York: Crown Business

Literaturhinweise und Anmerkungen

73 Wolter, A. 2016: Der Ort des dualen Studiums zwischen beruflicher und akademischer Bildung: Mythen und Realitäten. In: U. Faßhauer, E. Severing (Hg.): Verzahnung beruflicher und akademischer Bildung. Duale Studiengänge in Theorie und Praxis. Bielefeld: wbv. 39–60, 48

74 Duale Hochschule Baden-Württemberg Mannheim 2013: Lernen an der DHBW Mannheim. Informationen für externe Lehrbeauftragte. Verantwortlich: Prof. Dr. Andreas Föhrenbach (Prorektor für Lehre und Qualität); Redaktion: Prof. Dr. Ruth Melzer-Ridinger (Qualitätsbeauftragte der DHBW Mannheim); Zu den „Mythen und Realitäten" des dualen Studiums (u. a. zum DHBW-Studium) hat Andrä WOLTER 2016: Der Ort des dualen Studiums zwischen beruflicher und akademischer Bildung: Mythen und Realitäten. In: 82. 39–60, interessante Ergebnisse vorgelegt.

75 Faßhauer, U.; Severing, E. (Hg.) 2016: Verzahnung beruflicher und akademischer Bildung. Duale Studiengänge in Theorie und Praxis. Bielefeld: wbv

76 Kamm, C.; Lenz, K.; Spexard, S. 2016: Beruflich Qualifizierte in dualen Studiengängen – Grenzgänger zwischen akademischer und beruflicher Bildung. In 75. 117–134, 129

77 Deutsche Forschungsgemeinschaft 1998: Sicherung guter wissenschaftlicher Praxis. Denkschrift. Empfehlungen der Kommission „Selbstkontrolle in der Wissenschaft". Weinheim: WILEY-VCH (ergänzende Auflage 2013)

78 Rauner, F.; Piening, D. 2015: Die Qualität der Lernortkooperation. A+B Forschungsberichte 20/2015. www.ibb.uni-bremen.de, 14

79 Strahm, R. H. 2010: Warum wir so reich sind. Wirtschaftsbuch Schweiz. Bern: hep, 21; vgl. auch Strahm, R. H. 2014: Die Akademisierungsfalle. Warum nicht alle an die Uni müssen. Bern: hep

80 INAP Commission „Architecture Apprenticeship" 2015: Memorandum. An Architecture for Modern Apprenticeships: Standards for Structure, Organisation and Governance. In: L. Deitmer. U. Hauschildt. F. Rauner, H. Zelloth (Eds.): The Architecture of Innovative Apprenticeship. Dordrecht: Springer. 1–24; Rauner, F. 2015: Akademisierung der beruflichen Bildung. „Architektur paralleler Bildungswege" als Ausweg. In: Personalführung 10/2015. 28.32; Rauner, F. 2017: Grundlagen der beruflichen Bildung. Mitgestalten der Arbeitswelt. 4.8: Architektur paralleler Bildungswege. 528–531. Bielefeld: wbv

81 The National Skills Development Handbook 2010/2011, 236

82 Sachverständigenkommission Arbeit und Technik des Senators für Bildung, Wissenschaft und Kunst der Freien Hansestadt Bremen 1988: Forschungsperspektiven zum Problemfeld Arbeit und Technik. Bonn: Verlag Neue Gesellschaft, 77 f.
83 Rauner, F.; Frenzel, J.; Piening, D. 2016: Engagement und Ausbildungsorganisation. Einstellungen sächsischer Auszubildender zu ihrem Beruf und ihrer Ausbildung. Eine Studie im Rahmen der Landesinitiative „Steigerung der Attraktivität, Qualität und Rentabilität der dualen Berufsausbildung in Sachsen (QEK)". Bremen: Universität Bremen I:BB
84 Das Netzdiagramm der Glaser zeigt, dass dieser Ausbildungsberuf über kein berufliches Identifikationspotenzial verfügt. Damit fehlt eine entscheidende Voraussetzung für eine erfolgsversprechende Berufsausbildung. Im Gegensatz dazu zeigt das I-E-Netzdiagramm der Kfz-Mechatroniker ein ausgeglichenes I-E-Profil.

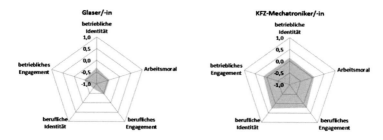

Abb. 44: I-E-Netzdiagramme der Glaser (n=62) und Kfz-Mechatroniker (n=114)

85 Sweet, R. 2010: Apprenticeship, Pathways and Career Guidence: A Cautionary Tale. In: F. Rauner, E. Smith, U. Hauschildt, H. Zelloth: Innovative Apprenticeships. Promoting Successful School-to-Work Transition. 2nd edition. Münster: LIT. 17–32, 22 u. 26 f.
86 vgl. dazu: Bertelsmann Stiftung (Hg.) 2009: Steuerung der beruflichen Bildung im internationalen Vergleich. Autoren: Felix Rauner unter Mitarbeit von Wolfgang Wittig, Antje Barabasch, Ludger Deitmer. Die Zusammenfassung sowie der Syntheseberict und die Handlungsempfehlungen finden sich in den Kapiteln 1 und 2: 13–111

87 COMET Metalltechnik Hessen. Abschlussbericht. I:BB. Universität Bremen
88 Rauner, F. Heinemann, L. 2015: Messen beruflicher Kompetenzen. Bd. IV – eine Zwischenbilanz des internationalen Forschungsnetzwerkes COMET Münster: LIT, 130 ff.; Zhao, Z.; Zhuang, R. 2013: Messen von berufliche Kompetenz von Auszubildenden und Studierenden berufsbildender (Hoch-)Schulen in China. In: Zeitschrift für Berufs- und Wirtschaftspädagogik. 109 (1). 132–140
89 Weiß, R. 2016: duale Studiengänge – Verzahnung zwischen beruflicher und akademischer Bildung. In: U. Faßhauer, E. Severing (Hg.): Verzahnung beruflicher und akademischer Bildung. Duale Studiengänge in Theorie und Praxis. Bielefeld: wbv. 21–38, 21
90 Heeg, F. J. 2015: Stellenwert des COMET-Kompetenzmodells für duale Ingenieur-Studiengänge. In: M. Fischer, S. Rauner, Z. Zhao (Hg.): Kompetenzdiagnostik in der beruflichen Bildung. Methoden zum Erfassen und Entwickeln berufliche Kompetenz: COMET auf dem Prüfstand. Berlin: LIT. 111–126
91 s. 27. Lave, J.; Wenger, E. 1991: Situated Learning. Legitimate Peripheral Participation. Cambridge, New York: Cambridge University Press
92 s. 28. Corbett, J. M.; Rasmussen, L.; Rauner, F. 1991: Crossing the Border. The Social and Engineering Design of Computer Integrated Manufacturing Systems. London: Springer